Lacan: Operadores da Leitura

Coleção Debates
Dirigida por J. Guinsburg

Equipe de realização: Revisão: Ligia Cademartori Magalhães; Produção: Ricardo W. Neves e Sergio Kon.

américo vallejo
ligia c. magalhães

LACAN: OPERADORES DA LEITURA

Dados Internacionais de Catalogação na Publicação (CIP)
(Câmara Brasileira do Livro, SP, Brasil)

Vallejo, Américo
   Lacan : operadores da leitura / Américo
Vallejo, Ligia C. Magalhães. -- São Paulo :
Perspectiva, 2008. -- (Debates ; 169 / dirigida
por J. Guinsburg)

   1ª reimpr. da 2. ed. de 1991.
   ISBN 978-85-273-0526-6

   1. Lacan, Jacques, 1901-1981 2. Psicologia -
Terminologia 3. Psicanálise - Terminologia
I. Magalhães, Ligia C.. II. Guinsburg, J. III. Título.
IV. Série.

08-04405   CDD-150.3

Índices para catálogo sistemático:
1. Psicologia lacaniana : Terminologia 150.3

2ª edição – 1ª reimpressão
[PPD]

Direitos reservados à
EDITORA PERSPECTIVA LTDA.

Av. Brigadeiro Luís Antônio, 3025
01401-000 – São Paulo – SP – Brasil
Telefax: (0--11) 3885-8388
www.editoraperspectiva.com.br

2019

SUMÁRIO

Introdução 7
Castração 11
Cogito, Sujeito do 13
Desejo 21
Desejo e Metonímia 25
Desejo e Objeto 29
Discurso Onírico 31
Edípica, Situação 39
Enunciado e Enunciação 41
Espelho, Estágio do 47
Estilo Lacaniano 51
Eu e Sujeito 53
Falo 55

Imaginário, O	59
Inconsciente, A tópica do	61
Letra, Instância da	73
Letra, O ser, o outro e a	77
Letra, Sentido da	81
Metáfora	83
Metonímia	93
Necessidade e Demanda	99
Ordem Simbólica	101
Outro	105
Processos Metafórico e Metonímico	107
Pulsão	111
Real, O	115
Rememoração e Reminiscência	117
Repetição	121
Sentido, Efeito de	123
Significante e Afeto	125
Significante, Estrutura formal do	129
Significante e Posição do Sujeito	133
Signo	137
Sintoma	145
Sujeito, Noção de	153
Supra-individualidade	161

INTRODUÇÃO

O psicanalista francês Jacques Lacan, introduzindo uma nova óptica no pensamento do homem sobre si mesmo, tornou sua obra de conhecimento obrigatório a quem quer que esteja atento às evoluções do pensamento ocidental no século XX. A escrita de Lacan, porém, é um "fio tecido de alusões e de citações, de trocadilhos e de equivocações"[1] cujo hermetismo metodológico incorpora a dificuldade e a distorção. Heuristicamente, na materialidade dos significantes da obra lacaniana, o leitor é jogado, constituindo-se a leitura dos *Écrits* uma demanda à descoberta da arbitrariedade do signo e da não arbitrariedade da conexão dos significantes.

---

1. LACAN, Jacques, *Écrits*. Paris, Seuil, 1966, p. 521.

Dessa forma, a obra de Lacan oferece à análise entraves que provêm do não esclarecimento de termos fundamentais que funcionam como indispensáveis operadores de leitura. Sem que se precise os conceitos nucleares da epistemologia lacaniana, é impossível apreender a verdadeira abrangência dessa obra que é, antes de mais nada, uma violentação do pensamento tradicional. Este livro, dicionarizando alguns conceitos fundamentais da obra lacaniana, pretende ser um instrumento de auxílio aos estudiosos que, cada dia em maior número, imergem na obra de Lacan.

Américo Vallejo, pesquisador argentino, professor de Epistemologia e de Topologia Psicanalítica no curso de pós-graduação da Associação de Psicólogos de Buenos Aires (APBA) e na Escola Freudiana de Buenos Aires, investigou especialmente o campo da topologia psicanalítica, inserindo-se na linha francesa de desenvolvimento da psicanálise, cujo conhecimento difundiu, também, no Brasil. Seus últimos livros são *La Topología de Lacan,* publicado em 1979, pela editora Helguero de Buenos Aires e *Co(n)fusiones en Psicoanalisis,* publicado no mesmo ano pela editora Letra Viva de Buenos Aires.

Com acesso ao farto material de pesquisa do Professor Vallejo e com a iniciação em que se constitui a realização da dissertação de mestrado *Os Significantes e a Insistência do Sentido,* defendida na Pontifícia Universidade Católica do Rio Grande do Sul, foi-me possível a organização deste livro. A dicionarização não é exaustiva, o objetivo não é esgotar a teoria lacaniana, apenas apresentar os pontos fundamentais em que ela se baseia. Procurando-se oferecer ao leitor uma consulta rápida que não exija a disponibilidade necessária para o exame de todo o livro, fez-se a organização em verbetes. Estes, porém, reenviam o leitor de um conceito a outro que o complemente, dando, assim, acesso às linhas mestras do pensamento lacaniano. Nada mais o livro pretende do que isso: tentar contribuir para a satisfação de um interesse surgido não apenas no campo psicanalítico, mas nas diferentes áreas em que os estudiosos procuram avançar no conhecimento científico da verdade humana.

Ligia Cademartori Magalhães

CASTRAÇÃO — Conceito ligado à noção de falo (v. Falo) e ao complexo de Édipo (v. Situação Edípica).

O complexo de castração se dá quando, atribuído um pênis a todos os seres humanos pela mente infantil, a criança descobre a ausência dele na mãe e na irmã. Esta descoberta é vivida como uma castração cujo efeito na criança se dimensiona na medida em que ela considera o pênis uma parte constitutiva essencial. Esta falta se configura em falta imaginária no fantasma. A castração é temida e seu agente é o pai, rival temido na disputa pelo amor da mãe. A castração simbólica, cujo agente é o pai real, ensina que não se tem acesso ao gozo sem que este tenha sido, antes, recusado.

A castração significa que o desejo é excêntrico e que a representação alucinada não está diretamente relacionada com o desejo, embora permita inferi-lo. A cura do pequeno Hans, atingido por uma neurose fóbica, caso determinante para a descoberta do complexo de castração, se dá quando o paciente consegue compreender que podia amar a mãe sem temer o pai. Antes de ser uma relação de objeto, o desejo da mãe é uma relação com o Outro que, pela Lei, insere a criança na Ordem do Simbólico. (v. Ordem do Simbólico). A lei não está em nenhum lugar senão no desejo.

COGITO, Sujeito do — Na teoria lacaniana, o sujeito se caracteriza por ficar localizado, do ponto de vista das estratégicas da linguagem, em determinada posição, sem ter a menor participação com o chamado sujeito agente. O sujeito surge comprometido em uma jogada que não tramou, e esse é o ponto essencial em que se encontra a dimensão estruturante do sujeito através do processo inconsciente.

A primeira inscrição do sujeito é feita em relação a um sistema simbólico que pré-existe a ele e que o condiciona desde antes de seu nascimento. É aqui que se introduz toda a perspectiva da situação edípica (v. Situação Edípica) como uma estrutura simbólica determinante ou condicionante em relação ao sujeito. Nesse sentido, diz-se que o sujeito é falado desde um além de si mesmo que o precede e localiza. O que está em jogo é uma estrutura simbólica através da qual um processo mítico organiza e possibilita a localização do sujeito. Em relação a isso, a primeira pergunta é: de que maneira o sujeito, através do próprio discurso, compromete uma convenção significante que o extravasa? Ao recorrer a todo esse contexto de significantes (v. Significante e Posição do Sujeito) que compõe o sistema de uma língua, esse sujeito organiza, imediatamente, seu próprio discurso intencional com elementos que o excedem como sistema ou como código. É nessa dimensão que se articula o inconsciente que, pelo mesmo motivo, não funciona como uma propriedade privada ou um reservatório individual, mas, por princípio intersubjetivo ou transindividual, está além do indivíduo e, por isso, localiza sujeitos relativamente a essa convenção que organiza os significantes. O sujeito se relaciona com os significantes justamente como um processo de determinação simbólica que condiciona a posição na qual inicialmente se constitui o sujeito.

Com o descobrimento do inconsciente por Freud, surge uma noção de sujeito distinta do conceito tradicional de sujeito agente, centrado no *cogito*. Este é o ponto nevrálgico da teoria freudiana que, no seu mais alto nível, introduz uma noção de inconsciente que altera completamente a conceituação tradicional ou pré-freudiana de sujeito. O simples fato de colocar a idéia de uma determinação do sujeito está modificando a conceituação de um sujeito agente e centrado em seu próprio eixo.

A questão que aqui se coloca é saber qual pode ser o sujeito capaz de um inconsciente tal como Freud o concebe. Isso remete ao *cogito* cartesiano, uma vez especificada a estrutura própria do inconsciente e questionado o tipo de sujeito que responde a essa estrutura. Para que isso se esclareça é preciso considerar o encontro com uma alternativa crucial: eliminar a noção de sujeito, e prescindir dela como algo comprometido com a perspectiva pré-freudiana, ou — outra alternativa — modificar substancialmente a noção de sujeito, já que não se pode eliminá-la.

A impossibilidade de eliminação está em que, através do processo do inconsciente, sempre se está localizando um sujeito como determinado, há um pólo de referência subjetiva do qual não se pode prescindir. Mas o que se faz imprescindível é modificar por completo a noção que habitualmente ou tradicionalmente estava ligada à noção de subjetividade. Para que se faça isso é fundamental ver-se quais são as características que dominaram esse conceito de sujeito e que foram subvertidas pela postulação freudiana. Para o exame dessas características referentes ao sujeito na noção pré-freudiana há um ponto de referência teórico fundamental para toda a noção vigente tradicionalmente: o conceito que se desenvolve a partir de Descartes, no século XVII, ou seja, o *cogito*.

A célebre formulação de Descartes, *"cogito ergo sum"*, tem certas variantes. Uma é "penso, sou"; outra, a mais repetida, é "penso, logo sou".

Em latim, a palavra *cogito* traduz-se exatamente por "penso", *ergo* corresponde a "logo" e *sum* é a primeira pessoa do verbo ser no singular: penso, logo sou. Em francês, a fórmula é *"je pense donc je suis"*, mas Descartes usa também *"je pense, je suis"*, eliminando o *donc,* correspondente a "logo", "por conseguinte", "pois".

Pela estrutura de que faz parte a preposição *ergo* ou *donc* se poderia pensar que há uma dedução. No momento em que se afirma "penso, logo, compulsivamente sou", o operador aparentaria fazer uma inferência. Mas, segundo a intenção de Descartes, não há nenhuma inferência de tal tipo, pois, se houvesse uma inferência, haveria um silogismo. E se houvesse um silogismo, a estrutura seria "todo o que pensa é, eu penso, logo, sou". Mas isso é incompatível com a fórmula cartesiana pela simples razão de pressupor a validez da premissa maior (todo o que pensa é), enquanto Descartes propõe o *cogito* como primeiro princípio ou proposição, isto é, não se apóia em nenhuma outra proposição prévia, é uma proposição cuja verdade é absoluta, auto-evidente, e dispensa a captação de outra proposição. Logo, não se trata de uma dedução, mas de uma proposição de natureza analítica, na qual o que se formula no predicado tem que estar incluído no sujeito do enunciado. Se Descartes quer propor uma fórmula em que o predicado é absolutamente evidente, é porque o afirmado nessa fórmula decorre do conceito de sujeito: o *cogito* envolve em si mesmo o *sum*. Tomando-se, por exemplo, uma operação clássica, quando eu digo que "a mesa é extensa", na afirmação de extensão não estou senão explicitando o que já está implícito na idéia do corpo "mesa". Nada é acrescentado, o que é dito no predicado já estava dito no sujeito, enquanto que na afirmação "a mesa é branca", a brancura não está implícita na noção de mesa. Portanto, dizer *"cogito ergo sum"*, é afirmar no predicado o que já está afirmado no sujeito, e por isso acredita Descartes tratar-se de uma proposição que não supõe outra.

Na afirmação cartesiana nada há que fique à margem do *cogito,* toda a derivação tem sua eficácia na medida em que decorre dele, ele é perfeitamente congruente consigo mesmo. Para Descartes, o momento da *cogitatio* é absolutamente solidário com o momento da consciência, *cogito* e consciência são equivalentes. O sujeito se identifica com o *cogito* e através deste se identifica com a consciência. A consciência para Descartes é pura reflexividade; se se compara a idéia de consciência em Hegel e em Husserl, vê-se que, enquanto para Descartes a consciência é um momento inicial entendido como reflexividade, pois ser pensante equivale a ser consciente, a refletir a si mesmo ou a ter a possibilidade desse reflexo, para Hegel a autoconsciência é um momento necessário de ser explicado através de uma dialética, isto é, a autoconsciência não é um momento inicial, mas precisa de todo um desenvolvimento dialético, e em Husserl a consciência, antes de mais nada, pensa uma relação com outro que não ela, isto é, implica uma relação intencional. Também para Husserl, o momento da autoconsciência como reflexividade requer uma reflexividade intencional sobre a intencionalidade mesma. Para Husserl, a consciência é sempre abertura, não é apenas reflexiva.

O paralelo é importante, porque é justamente na pura reflexividade de Descartes que se postula uma perfeita coincidência do sujeito consigo mesmo e brota a concepção do sujeito como agente absoluto, ponto de partida da totalidade de seus atos e plenamente coincidente consigo mesmo. O sujeito cartesiano não é marcado por nenhuma ruptura, há uma perfeita possibilidade de que o sujeito coincida consigo mesmo na reflexão. As duas teses, a do sujeito agente e a do sujeito adequado, são básicas na colocação tradicional da noção de sujeito.

Através da formulação freudiana, porém, aparece um sujeito relativo a um outro lugar além dele, a ordem inconsciente, que também é lugar de uma ruptura, porque o sujeito freudiano é sempre o lugar marcado por um intervalo aberto entre as instâncias tópicas pré-consciente, consciente e inconsciente. A ruptura caracteriza o sujeito, este nasce constitutivamente fendido nessa duplicidade tópica assinalada por Freud.

Desde esse ângulo, vê-se a consideração lacaniana feita com relação aos limites em que se move o *cogito* cartesiano, frente ao que se pode chamar de *cogito* freudiano, através da reformulação da posição do sonho (v. DISCURSO ONÍRICO).

Na perspectiva tradicional havia sempre uma margem que se poderia caracterizar como o domínio do pré-consciente, algo que é suscetível de transformar-se em consciente através de uma projeção de área ou de uma modificação de área tensional, um deslocamento que vai do atual ao virtual, mas sem que haja uma ruptura de plano entre a atualidade da consciência e um outro âmbito que é totalmente heterogêneo. Tudo é pensado na possibilidade de convergência do sujeito consigo mesmo.

A dialética freudiana marca uma subordinação do sujeito a uma outra cena, uma não-convergência do sujeito consigo mesmo, uma impossibilidade de autonomeação do sujeito como área completa ou adequada. A dialética de Marx também marca a posição de um sujeito que está determinado pelo sistema de relações como uma outra cena que torna impossível uma autonomeação do sujeito como um absoluto, quer seja ele pensado individualmente, quer seja ele pensado como sujeito coletivo. A chave do enfoque de Marx não é a transformação de um sujeito individual em um sujeito coletivo, mas a ruptura com a noção de subjetividade autônoma. Há um sistema estrutural que, como outra cena, articula a possibilidade do sujeito. Em certo sentido, há uma certa convergência entre essa outra cena freudiana e essa outra cena marxista, convergência que marca uma ruptura das pretensões e das prerrogativas do sujeito.

O *cogito* não é somente a fórmula onde se constitui o apogeu histórico de uma reflexão sobre as condições da ciência, mas é uma questão postulada enquanto se busca a fundamentação de uma Ciência absoluta ou de uma metafísica como ciência absoluta.

O método hipotético de Galileu residia na possibilidade de formular conceitualmente certas hipóteses fundamentais. Quando, por exemplo, Galileu concebe o plano inclinado, o movimento de um móvel como movimento uniforme, ele o concebe como uma experiência mental e retira dela as implicações que possibilitaram uma confrontação com a experiência, ou seja, uma formulação hipotética. Descartes queria construir uma metafísica por esse caminho: partir de axiomas que tornem possível a derivação de proposições fundamentais. O axioma primeiro, básico, para Descartes, é o "penso, sou", porque não se apóia em nenhum outro axioma e qualquer outro se apóia nele. Essa é a relação com a reflexão sobre as condições da ciência.

A afirmação existencial aparece inserida na estrutura do sujeito cogitativo — sujeito transcendental —, e alude a um sujeito que está em relação de transcendência com tudo o que pensa. É um sujeito que se caracteriza pela possibilidade de "co-divisão" com respeito a qualquer objeto, não é um sujeito empírico mas um sujeito transcendental.

Quando Descartes afirma que enquanto eu penso eu sou absolutamente, está exercitando todas as conseqüências do *cogito*. No momento de reflexividade há um absoluto: o sujeito transcendental; quando penso não faço mais do que constituir-me em objeto pensado. Quando reflexiono sobre meu pensamento é como se se produzisse o desdobramento reflexivo entre o momento *cogitante* e o momento do *cogitatum*.

A fenomenologia distingue entre o momento *cogitante* e o momento *cogitatum*. A análise intencional de Husserl consiste em analisar os dois momentos complementários: o *cogitatum,* aspecto noemático que conserva o objeto intencional, e o *cogitante,* momento não ético, modalidade de abordagem intencional do objeto.

18

Em cada caso a análise fenomenológica considera qual é a estrutura não ética de um ato, qual o complemento noemático, qual o modo de referência, etc. Toda a chave da análise chamada intencional ou fenomenológica, nesse aspecto, consiste em considerar complementariamente os dois aspectos. Sartre, por exemplo, quando analisa o imaginário, o faz em função de mostrar qual o momento ético do ato imaginante e qual o complemento noemático do imaginado, ou seja, o momento que dá ao imaginar um determinado modo de relação com os entes, pondo algo ausente como presente e, inversamente, podendo superar a presença maciça do conteúdo perceptivo.

A localização convergente do *cogito* é destacada por Lacan através de uma fórmula: *ubi cogito ibi sum,* onde penso, ali estou. É uma perfeita equivalência dos dois lugares que se contrapõe à divergência postulada por Freud entre os dois lugares que partem o sujeito. A consciência é caracterizada como o plano absoluto, tudo o que o sujeito é se identifica com o pensar e o pensar com a consciência, não havendo ruptura tópica nem determinação do sujeito a partir de uma ordem inconsciente.

DESEJO — Do ponto de vista naturalista ou biológico, o desejo não é mais que a apetência de satisfação de uma necessidade. Com isso se choca frontalmente a noção freudiana de desejo, já que Freud postula a indestrutibilidade do desejo, que é heterogênea com respeito à satisfação de qualquer necessidade: trata-se de um desejo que pode sustentar-se em uma permanente insatisfação. Biologicamente, não há nenhuma necessidade através da qual possa subsistir um organismo sem satisfação; o desejo freudiano é heterogêneo com respeito à ordem natural, por isso fala Lacan dos enigmas que o desejo propõe a toda filosofia natural. Por outro lado, se o desejo é indestrutível, ele se apresenta como esse abismo infinito do inalcançável, a estrutura do desejo está feita de uma parodoxal inacessibilidade, de um aproximar-se que é um ausentar-se do próprio objeto do desejo que está sempre mais além, e que institui a chamada curva assintótica do desejo. Há uma dimensão que está sempre retrocedendo e, se se pensa no descobrimento freudiano do desejo, não se pode deixar de perceber o fato de que, para Freud, a dimensão característica do desejo emerge no desejo histérico, isto é, o desejo de ter um desejo insatisfeito opera como uma metonímia inexorável. Exemplo disso é o famoso sonho do salmão defumado, onde se tem uma dupla relação muito singular entre o desejo de ter um desejo insatisfeito que se metonimiza no desejo do caviar. A mulher sonha que quer dar um jantar, tem um pouco de salmão defumado, mas precisa mais, pensa, então, em pedir por telefone e lembra que é domingo. Naturalmente, esse sonho tem uma complexidade muito particular que é o fato de ser um sonho destinado a mostrar a Freud que o sonho não era uma realização de desejos. O interessante do caso é que, através da análise, vê-se muito bem que o desejo do salmão defumado é um desejo que substitui, como um significante, a outro desejo, o desejo de caviar. Nesse plano, teríamos uma relação metafórica (v. Metáfora), o desejo da paciente era o desejo do caviar que ficou substituído pelo desejo de salmão defumado que era o desejo de sua amiga. Tudo isso marca uma relação que é o fato da amiga desempenhar uma posição determinada com respeito ao marido. Há uma situação de ciúmes em que a paciente teme que, cumprindo o desejo da amiga, esta engorde e satisfaça o seu marido a quem agradam as mulheres gordas. Há um deslizamento desde o desejo de ter um desejo insatisfeito, característica do desejo histérico, em direção ao desejo de caviar. Essa metonímia (v. Metonímia) marca um deslizamento e aí surge a estrutura metonímica do desejo. (v. Desejo e Metonímia). O desejo histérico tem como condição uma insatisfação; o paradoxal do desejo da histérica é que ela deseja a insatisfação do desejo, marcando uma heterogeneidade radical com relação à apetência, o que elucida a possível confusão entre desejo e apetite.

No mesmo sonho acima referido, encontra-se que o desejo do outro está nomeando indiretamente o desejo próprio: o desejo da paciente está articulado como o desejo de outro, e aqui há uma relação metafórica, substitutiva, enquanto a relação metonímica seria o desejo do desejo insatisfeito.

O desejo opera por deslizamento em um plano de contigüidade, remete o sujeito sempre a uma falta, e o ponto seguinte é saber como a dimensão de busca se articula. A busca não é mais que uma série de transformações no objeto, que é o que Freud caracteriza como contingência do objeto. Através dos avatares se busca aquela falta inicial, a falta se desloca pelas suas vicissitudes, pois trata-se justamente da estrutura metonímica onde um significante elidido se desliza através de outros significantes em concatenação infinita. O que parece ser a busca de um objeto é a busca de uma falta, marcha prospectiva ao infinito do desejo. Não há satisfação que não abra, inexoravelmente, o campo de uma insatisfação, e é aí que se encontra o momento do prazer que não é nunca definitivo, já que reabre o circuito imediatamente: o aspecto metonímico do deslizamento está sempre presente. O saber do prazer se contrapõe ao momento da dominação do gozo. No gozo há o domínio da diferença entre um mais e um menos, fazendo com que o momento do prazer implique, de alguma maneira, uma espécie de culminação ou cumprimento que operaria como o prazer do já tido, como saber. Desde o ponto de vista freudiano, o gozo é um manejo de diferenças quantitativas da tensão e o prazer seria como um recolhimento em um pontal ideal dos aspectos.

Não há nenhuma outra dimensão do instinto (*trieb*=pulsão) que possa explicar o desejo senão a captura, a inscrição do instintivo dentro de um sistema: trilhos da metonímia. Esta metáfora não quer marcar apenas o sentido do deslizamento, mas de deslizamento dentro dos trilhos que são a estrutura significante. É como se o instintivo, na medida em que ficasse inscrito na dimensão da ordem significante, ficasse qualificado diversamente, organizado como desejo, de modo que o desejo não pudesse identificar-se com a ordem instintiva senão pela transformação ou subversão do instintivo através do simbólico. Não cabe entender o desejo como dessarranjo do instinto, mas como uma particular subversão através de sua articulação no simbólico, que é o que constitui a dimensão do desejo como estando sempre em um outro nível com relação ao plano da necessidade concernente ao instintivo (*instinkt*=instinto).

A remissão ao objeto perdido é uma retroação sobre algo sido; no desejo se encontra, de maneira metafórica, uma estrutura nostálgica de uma satisfação que se teve, e é nesse sentido que diz Lacan ser o desejo um desejo morto.

O perdido é o objeto, o faltante é o objeto. A falta é que atrai o desejo, mas o desejo tem uma remissão a um momento miticamente passado e por isso foi usada a forma verbal sido, para aludir a um passado que sempre se estrutura a partir de um presente. Há uma síntese no presente, o passado não é entendido como um compartimento estanque que fosse já definitivo. O movimento de retroação caracteriza a estrutura de uma temporalidade freudiana no sentido de que há um movimento de retroação (*aprés-coup*) e não simplesmente de acoplamento numa sucessão linear. Tomando-se, por exemplo, a noção freudiana de trauma tem-se uma dimensão retroativa, algo que adquire sua eficácia traumática *a posteriori*, o que remete à instauração de um momento desde a síntese do presente (v. REMEMORAÇÃO E REMINISCÊNCIA).

DESEJO E METONÍMIA — Lacan toma a estrutura metonímica como ponto de referência para caracterizar a estrutura do desejo (v. METONÍMIA). Os processos metafórico e metonímico (v. PROCESSOS METAFÓRICO E METONÍMICO) constituem a dupla legalidade do processo inconsciente. Com uma dessas estruturas, por sua vez, pode-se caracterizar, no caso da metáfora, o sintoma (v. SINTOMA) e, no caso da metonímia, o desejo. Na metonímia há um deslocamento na ordem que a Lingüística caracteriza como sintagmática. Esse deslocamento permite a elisão do significante que desaparece para surgir no significante com que está em relação de contigüidade. Mas diz Lacan que o deslocamento permite a elisão pela qual o significante instala a falta de ser na relação com o objeto e, dessa forma,

25

Lacan introduz toda a problemática do desejo. Em Freud, o objeto perdido se encadeia através de uma série de avatares contingentes pelos quais o desejo retorna, de tal forma, que se pode dizer que, no curso das variações contingentes, surge o aspecto permanente do objeto perdido. Essa é a constante estrutural que surge através da variação, a permanência da falta, e aí surge a noção de "falta a ser" ou falta de ser. A dimensão de contigüidade, portanto, em que um significante fica elidido e deslizado, marca a estrutura da relação do objeto com a falta. A falta de ser é caracterizada às expensas da ordem significante, o que implica dizer que a relação de objeto no enfoque freudiano acarreta a introdução de uma série de elementos significantes, no sentido de cadeia, da qual se desprende o deslizamento. O objeto está sendo caracterizado, paradoxalmente, como permanente e contingente, ele se faz permanente através da variabilidade, ou seja, através dos avatares do objeto. O momento permanente seria o da falta, o momento da variação seria o aspecto relativo ao contingente. Quando se afirma que o significante introduz a "falta a ser", está se afirmando que isso ocorre através da relação do objeto.

A remissão de um significante a outro, que pode ser caracterizada como remissão da significação porque toda significação supõe essa contextualidade dos significantes, é usada como meio de investir no desejo. O desejo é o correlato de objeto faltante que desliza através de uma concatenação significante, e que se metonimiza através dessa cadeia. Pode-se, portanto, dizer que o objeto do desejo é o mesmo objeto que, como carência, circula através da cadeia significante que fica, no caso, correspondentemente investida pelo desejo. O objeto tem uma causa no objeto faltante, e o desejo suporta essa relação de falta através da concatenação metonímica. A ordem do significante instala a carência de ser do objeto faltante ou perdido na relação de objeto, relação que não é harmônica mas conflitiva, em termos freudianos, servindo-se do valor de remissão da significação.

A dimensão metonímica é um operador que permite entender a dimensão do desejo freudiano. Não se trata de um complemento da necessidade, pois transcorre em uma outra ordem, a ordem simbólica suportada por uma cadeia significante.

DESEJO E OBJETO — Lacan toma como ponto de referência a tese freudiana de que o objeto do desejo é um objeto perdido; o objeto se constitui como ausência e, sobre essa base, Lacan desenvolve toda uma teoria relativa ao objeto como causa do desejo. O objeto em sua dimensão de ausência abre a brecha do desejo na dimensão nostálgica que se caracteriza como a dimensão de um nada. Essa dimensão de ausência do objeto perdido torna preciso o duplo conceito da insistência do objeto através das variantes ou contingências, e isso de tal forma que se pode dizer que na noção de constituição do objeto, no sentido freudiano do termo, estão latentes duas dimensões, a da causa, como aquilo que arrasta e produz a dimensão do desejo, e a de nada, como o fundo de ausência sobre o qual se institui a relação do objeto; com isso rompe-se com a noção empirista de objeto, empirista no sentido de correlato adequado de uma necessidade. A necessidade não está em jogo e sim o desejo, e o desejo no sentido freudiano. Em segundo lugar, Lacan ataca toda a concepção americana da psicanálise que desemboca em uma técnica de adaptação ao objeto.

A constituição do objeto se encontra ao nível do conceito, ao nível do *logos,* complemento que é de um efeito da articulação lingüística. Longe de qualquer nominalismo, quer-se dizer que a língua não é o conjunto de justaposição de nomes no sentido gramatical. A relação do objeto está estruturada sobre a base de uma rede de significantes e não é a coisa que permite entender o nome como uma expressão da coisa, mas, inversamente, é o contexto simbólico que nos permite entender a dimensão da eficácia do real (v. ORDEM SIMBÓLICA) relativamente ao simbólico.

A coisa nunca é senão em função de marcas significantes que a dimensionam como objeto do desejo. Na problemática freudiana, a variabilidade do objeto estaria mostrando o caráter de representante que assume a coisa relativamente ao significante; o objeto freudiano não é uma coisa determinada, é qualquer coisa que possa ter o rol de representante do objeto perdido e se liga a uma constelação de significantes. Enquanto a constituição do objeto está ao nível do *logos,* relativo a um sistema lingüístico, a coisa reduz-se ao nome, ao aspecto morfológico gramatical. A constituição do objeto está fundada na estruturação da linguagem, e a coisa, a tão falada coisa dos empiristas, essa coisidade que eles crêem estar diante do sujeito, é uma realidade "parlante" que remete à causa e ao nada. A coisa, em sua coisidade, é nomeada a partir da estrutura da língua. Fica demonstrado que é desde a linguagem que se institui a dimensão de experiência da coisa.

DISCURSO ONÍRICO — Na textura, nos empregos e na materialidade do sonho tem-se uma preponderância de elementos significantes, Freud dá preponderância absoluta a essa textualidade onírica. Observa que, no contexto da interpretação dos sonhos, não seria válido um recurso às etimologias, porque isso comprometeria o decodificador com uma congruência de sentido concernente ao processo secundário que o impediria de seguir as redes próprias de um processo primário como o processo inconsciente.

Lacan enfatiza que o primeiro ponto com relação ao sonho é que se trata de um hieróglifo, uma mensagem cifrada que deve ser decifrada. Isso significa que é preciso resgatar um outro código, um código perdido. Mas a interpretação do sonho não é simplesmente uma decodificação, como seria se fosse possível dispor de uma tabela de equivalências. Sendo que essa tabela não existe e não pode existir, é preciso encontrar o código perdido na base das redes associativas. Esse ponto é muito enfatizado por Freud quando critica o método que chama "simbólico clássico", em que há uma espécie de canônica preestabelecida que permite caracterizar globalmente o sentido do sonho. O sonho é um hieróglifo que deve ser entendido literalmente, isto é, em função de seus elementos materiais, de suas formalidades ou suportes de significação. É na estrutura fonemática do sonho que se articulam os significantes e não na consideração global do significado, o desejo deve ser tomado à letra, em sua literalidade (relato do sonho).

As afirmações acima são ilustradas pela evocação de figuras fora do natural, como a do barco sobre o teto ou a do homem com cabeça de borracha, imagens estas usadas por Freud. As imagens do sonho não devem ser consideradas a não ser pelo seu valor significante, isto é, pelo que elas permitem soletrar no provérbio proposto pelo sonho. No hieróglifo do sonho é proposta uma mensagem que se constrói sobre a materialidade dos elementos literais que nela intervêm, daí a afirmação de que o sonho propõe um provérbio. Convém recordar que Freud fala da existência de frases-feitas articuladas no sonho, frases que formam uma combinatória onde a forma é determinante. É essa estrutura de linguagem que torna possível a leitura analítica, o que não poderia acontecer se a estrutura do sonho não fosse significante. Não é possível captar intuitivamente uma espécie de significado do sonho além de sua forma, asseverou Freud, pois a significância do sonho está nas relações formais que nele se estruturam. A significação que se pode extrair do sonho está ligada a um processo de decifração interpretativa e não a uma intuição global do significado, é questão de seguir-se, passo a passo, as concatenações significantes.

Acrescenta Lacan que a obra de Freud exemplifica de todas as formas possíveis que o valor do significante da imagem nada tem a ver com sua significação. Exemplifica com os hieróglifos egípcios que representam um *aleph* por um abutre sem que este último ofereça o menor interesse para a configuração do contexto. O elemento figurativo que pareceria designar uma ave determinada tem um valor posicional, pois, segundo sua posição, desempenha uma função morfológica dentro do hieróglifo. O lugar é o determinante e não o que aparenta representar: o abutre, na escrita egípcia, não representa um pássaro, a figura foi convencionalmente escolhida, segundo sua posição, como símbolo de uma operação lingüística. Se Champollion tivesse seguido as analogias, certamente nunca teria decifrado a famosa pedra de Roseta, pois para isso foi necessário extravasar o nível descritivo para reconhecer o nível do código, ou seja, ir além do nível convencional em sua construção de mensagem e desvendar a representatividade que Freud destaca como uma característica própria da elaboração onírica.

Tradicionalmente, o figurativo havia sido identificado com a imagem, não considerava-se o fato de que a representatividade nada tinha a ver com o que era, no empirismo, caracterizado como imagem. A imagem, freudianamente concebida, é vista como suporte de uma relação significante, base de conexões e não imagem diretamente reduzida à plasticidade do visual. O que se apresenta como figurativo é uma letra; o *collage* é um exemplo plástico onde o que se tem como um elemento figurativo recebe um determinado valor na composição a que está subordinado. Na pintura, a cor e a forma estão subordinadas a uma composição plástica, não são elementos isolados como conteúdo, mas são valores que realmente funcionam como suporte significante. Freud postula não apenas uma analogia real entre imagens, mas uma relação simbólica de um elemento com a função que outro cumpre dentro de um sistema simbólico. Isso tem muitas implicações e torna questionável muitas interpretações como, por exemplo, o teste desiderativo. Neste, teste, chama muita atenção a autonomização em que são consideradas as distintas formulações e execuções, tanto as positivas, quanto as complementárias negativas, que não são vistas a partir do código em que estão funcionando. Em tal teste, ocorre uma substituição das redes associativas que atuam no intérprete. É exatamente o que Freud censura: a função análoga na interpretação que leva a globalizar grandes contextos para conferir ao discurso do paciente o discurso que ocorre ao intérprete.

A pré-condição geral da função do sonho é o deslizamento do significado sobre o significante, não há uma rígida correspondência entre um significante e um significado. Se não houvesse deslizamento não haveria deslocamentos nem condensações. Não havendo correlação biunívoca entre significante e significado, é propiciada toda a sorte de desvios que atuam no sonho. As vertentes da incidência do significante sobre o significado se encontram por duas maneiras: no processo metafórico e no processo metonímico em que o significante é determinante dos efeitos do significado e, nos dois casos, ocorre uma concatenação, pois nunca um significante isolado poderá determinar alguma coisa.

As vertentes do significado (v. PROCESSOS METAFÓRICO E METONÍMICO) devem ser caracterizadas a partir dos processos descritos por Freud. A descrição começa pelo que Freud chama de *Verdichtung*, palavra habitualmente traduzida por condensação e que é a estrutura de sobreimposição do significante, quando um significante se impõe ao outro e o substitui metaforicamente. Neste termo ele condensa a palavra *verdichten*, indicando a conaturalidade entre o mecanismo de condensação e a poesia. A poesia é, tradicionalmente, uma função metafórica, e o autor faz, então, um jogo sobre o termo alemão, *Verdichtung*, palavra composta pelo prefixo *ver* e *Dichtung* (poesia). *Dichtung* está contida em *Verdichtung*, aí se condensa. Algo mais, porém, está condensado aí, porque dessa raiz, *dich*, deriva em alemão a palavra *Dichtung*, poesia, equivalendo a "condensado" ou "ligado", na medida em que a metáfora seja uma estrutura de vinculação de elementos, sendo muito nítida, em alemão, a relação entre *Verdichtung* e *Dichtung*. Essa relação não é percebida nas línguas neolatinas, porque a raiz é outra.

O outro processo de incidência do significante sobre o significado é habitualmente traduzido por deslocamento, ficando mais próximo do termo alemão *Verschiebung*. Em alemão, não somente está presente a idéia de deslocamento no sentido de deslizamento, mas também a idéia de desvio. O desviado é o particípio passado de *verschieben*, que é o verbo, ou seja, a idéia de deslocamento indica a idéia de desvio. Lacan destaca que, na metonímia, temos um significante deslocado sob outro significante, desaparecendo na cadeia significante um elemento próprio (v. CADEIA SIGNIFICANTE). Na metonímia, um significante é elidido e deslocado sob outro significante ligado à relação sintagmática. Dessa forma, duas operações são postas em correspondência, sendo que a condensação freudiana corresponderia à operação metafórica e o deslocamento freudiano corresponderia à operação metonímica. Metonímia e metáfora constituem os dois eixos de funcionamento da língua na interpretação de Jackobson, mas, transformadas por Lacan, metáfora e metonímia são mais do que simples tropos no sentido da retórica tradicional. Uma coisa é encontrar metáfora e metonímia e daí inferir, no sentido clássico, que o inconsciente é estruturado como linguagem. Na acepção antiga, isso seria excessivo, seriam duas figuras existentes no inconsciente e não haveria por que estendê-las à estrutura lingüística. Outra coisa, porém, é encontrar dois processos que regulam a organização da linguagem, porque, neste caso, está sendo mostrada uma estruturação da linguagem no inconsciente. A extrapolação dos conceitos lingüísticos de metáfora e metonímia até transformá-los em operações básicas, torna possível afirmar o caráter de linguagem que apresenta o inconsciente freudiano.

Quanto à função dessa representatividade e ao sentido em que deve ser considerada, diz Lacan que os dois mecanismos desempenham no trabalho do sonho um papel privilegiado em relação à sua função homóloga no discurso. Emprega a expressão "trabalho", porque, através dessa noção, evidencia-se todo um processo de elaboração e produção significante e acrescenta-se uma condição imposta ao material significante. Uma coisa é dizer-se que no sonho o processo metafórico e metonímico estão funcionando em vista da colocação em cena de uma determinada gramatização, e outra coisa é dizer que funcionam em função da figuratividade de algo. No caso da figura, parece que o essencial se cumpriria com a imagem, enquanto que no caso da colocação em cena, a imagem serve de suporte à cena. A imagem não é tudo, é um recurso, por isso Freud introduz uma expressão com o sentido de "considerando-se os meios da colocação em cena".

A função figurativa é um meio de colocação em cena, mas esta condição constitui uma limitação que se exerce no interior do sistema da escritura. Isso não quer dizer que a escrita se dissolva em uma semiologia figurativa onde se encontraria com os fenômenos de expressão natural. Mas se, ao contrário, entende-se que ocorre aqui um retrocesso à imagem, entendendo-se imagem no sentido analógico natural, isto extravasaria todo o simbolismo da escrita e chegar-se-ia a uma semiologia do gesto. Então seria compreensível que "considerar a colocação em cena" não seria senão um retrocesso desde o plano da ordem lingüística ao plano da ordem gestual, este último como algo primário. O que Lacan procura assinalar é que tudo se move dentro do contexto da escritura, pois embora mudem os recursos, tudo funciona dentro do contexto lingüístico. Os elementos figurativos servem de suporte significante assim como o ideograma funciona como letra. Inclusive aquilo que aparentemente não é mais que figura, funciona como suporte de uma função significante.

O sonho apresenta um sistema de relações como o da escritura, a imagem é subordinada a um código de relação significante. Seria possível, por meio disso, chegar-se a esclarecer, de certa forma, os problemas de arqueologia que não autorizam o observador a considerar os escritos como estágios evolutivos, pelo simples fato de eles terem sido abandonados como imperfeitos na escritura. O fato de terem excedido o sentido dos significantes próprios da linguagem não é suficiente para que sejam considerados como primitivos no sentido de um sistema prévio a toda organização lingüística. Lacan acrescenta uma ilustração esclarecedora, quando diz que o sonho é semelhante a um jogo de salão onde alguém procura que os espectadores adivinhem um enunciado conhecido, ou sua variante, pela colocação desse enunciado em cena muda. O fato de o sonho dispor de palavra não muda nada, pois para o inconsciente a palavra não é mais do que um elemento da colocação em cena como os outros. Mas o elemento do valor significante da palavra é privilegiado e utilizado como elemento da colocação em cena; esse elemento é o aspecto fonemático, aspecto da materialidade significante. Com a ilustração do jogo de salão em que se põe em cena um determinado enunciado, Lacan quer destacar a existência de uma gramática que extravasa o plano lingüístico, porque em lugar de ser um retrocesso do lingüístico ao gesto é uma captura do gestual dentro de um sistema significante, o que dá figuratividade a um enunciado.

O enunciado em sua estrutura de letra é determinante. Um coreógrafo tem experiência disso com todos os esforços que faz para encontrar o saldo adequado a determinada situação ou emoção, isto é, subordinar toda a função gestual e corporal a um sistema simbólico, o que é diferente de um simples gesto ou de uma pantomima. É justamente quando o jogo e o sonho se chocam com a carência de material taximático, ou seja, o material diferencial para representar as articulações lógicas da causalidade, da contradição, da hipótese, etc., que fica provado que um e outro são questões de escritura e não de pantomima. Os recursos pelos quais tratam de formular operações de caráter lógico, ao encontrar-se com essa carência de elementos significantes diferenciais, mostram que não é simplesmente a pantomima que está em jogo, e sim uma colocação em cena de elementos significantes, pois do contrário não haveria dificuldade.

Os procedimentos sutis que o sonho demonstra empregar para representar essas articulações lógicas de maneira menos superficial que o jogo, são objetos de um estudo especial de Freud onde se confirma uma vez mais que a elaboração do sonho segue as leis do significante, mostrando que os recursos postos em cena corroboram a natureza significante do que se procura pôr em cena. O resto da elaboração Freud considera secundária.

O cumprimento do desejo não é uma realização fática, mas dá o desejo como cumprido através da formulação da fantasia, ou seja, em lugar do desejo funcionar como apetite que tem uma realização determinada, aparece, primeiramente, o desejo como realizado na formulação é, em seguida, todos os elementos que vão entrar como suporte da significação no processo elaborativo.

O traço distintivo do sonho, sendo que os fantasmas podem permanecer inconscientes, é, precisamente, sua significação. Seu lugar no sonho é o enunciado do pensamento inconsciente, ou seja, elementos significantes que servem de base a um enunciado inconsciente. A expressão "pensamento" ou "enunciado inconsciente" é importante porque destaca que o inconsciente não é composto de elementos instintivos.

O processo que atua na elaboração do sonho, através dessa consideração da colocação em cena, implica uma execução de caráter significante, onde a materialidade da letra tem sua preponderância e todos os elementos intervenientes ficam subordinados a essa legalidade combinatória do simbolismo onírico.

Lacan assevera que a Psicanálise havia perdido de vista a função simbólica como foi formulada por Freud, porque desde a origem se desconheceu o papel constituinte e o estatuto fixado por Freud no inconsciente sob os aspectos formais mais precisos. A partir do momento em que tudo foi reduzido a um processo em que o figurativo, no sentido de imagem, se faz determinante, evidentemente, perdia-se de vista o estatuto formal e simbólico do inconsciente. Isso tem uma dupla razão, e a menos percebida é que a formalização de Freud não bastava por si mesmo para fazer reconhecer a instância do significante. A *Interpretação dos Sonhos* estava muito adiantada com relação à formulação da Lingüística. Freud se antecipou aos descobrimentos dessa ciência, questionada por Lacan através da noção de signo lingüístico, e por isso mesmo careceu de todos os recursos adequados para apreciar seu descobrimento. Não podia apoiar-se na Lingüística, pois, antes dela, abriu caminho a certas descobertas atuais da Lingüística. A segunda razão é o reverso da primeira, a preponderância do significado foi tal que se perdeu de vista a ordem formal da combinatória significante. Os analistas ficaram tão fascinados pelos significados descobertos que perderam a rede significante que os estruturava.

EDÍPICA, Situação — A situação edípica é um dos mais importantes conceitos da teoria lacaniana, nela se encontra articulada a premissa universal do Falo (v. FALO) como modo estruturante do sujeito humano (antropogênese) e constitui, ao mesmo tempo, a relação entre desejo e castração. Apesar da sua linguagem ser, às vezes, demasiadamente "genética", Lacan tenta descrever certas configurações intersubjetivas *marcadas* por "tempos" em função dos registros imaginário simbólico e real. No Primeiro Tempo (em que se localiza a fase do espelho), a mãe aparece como quem tem o falo e, por isso, a criança é o falo: trata-se da dupla mãe fálica-narcisismo. No Segundo Tempo, aparece o pai como duplamente privador (ele é o falo), já que, ao iniciar a castração simbólica com a castração da mãe, priva a criança do objeto de seu desejo, pois esta deixa de ser o falo da mãe. Ingressa-se, assim, na significação fálica (falo simbólico, significante primordial), o que, na teoria lacaniana, se chama Nome-do-Pai, caracterizando o significante que marca, no psiquismo da criança, a função do pai simbólico, "significante do Outro enquanto lugar da lei". Portanto, quando surge a lei já não há mais ninguém que seja a lei, todos atuam em representação a ela. Não se trata da figura do pai despótico, arbitrário, intolerante que produz a privação; se assim fosse, cumpriria a função da mãe na relação dual do primeiro tempo. O importante é a maneira como a mãe veicula e transmite o poder que a criança, em representação imaginária, tem com o Pai. No Terceiro Tempo da situação edípica, o pai deverá aceitar, também, a lei (deverá ser castrado). Ninguém será o falo, já que este será instaurado na Cultura. Papai tem o falo, mas não é o falo: falo e lei são coisas que estão muito além de qualquer personagem. Passa-se da identificação com o Eu Ideal para a identificação com a Idéia do Eu, da perfeição onipotente narcisista à acumulação de funções e papéis (elementos significantes) dos quais o pai é suporte sexual por diferença anatômica. Chega-se a uma definição sexual através de uma norma que regula os intercâmbios sexuais: "com a mamãe não, mas com qualquer outra".

ENUNCIADO E ENUNCIAÇÃO — Perguntar se o lugar do sujeito do significante é concêntrico ou excêntrico em relação ao lugar do sujeito do significado (v. NOÇÃO DE SUJEITO) equivale a perguntar se há uma concentricidade ou uma excentricidade entre o plano da enunciação e o plano do enunciado. A concentricidade alude ao recobrimento perfeito de um plano em relação ao outro; a excentricidade alude à defasagem dos planos divergentes. O sujeito da enunciação é o sujeito que não é significado ou expressado no enunciado, mas apenas simbolizado através de um embreador. O sujeito do enunciado é o que atualmente faz uso da instância do discurso e, por conseguinte, está numa relação de exterioridade com respeito ao sujeito da enunciação. O sujeito do enunciado é um sujeito

41

social de identidade designada pelo exterior, é o lugar do código, das regras e das leis comunitárias; o sujeito da enunciação, ausente no enunciado, é recalcado e permanece no inconsciente. A excentricidade vem do seguinte ponto: aquele que faz uso da palavra fica sempre excluído do conteúdo dessa mensagem, é o não falado e o não dito da mensagem, há uma discrepância entre a função do sujeito enunciante e o enunciado. Tal discrepância permite caracterizar a alteridade entre o discurso intencional do sujeito e o outro discurso que transcorre além do que intencionalmente o sujeito manifesta. No desenvolvimento do discurso, o sujeito põe em jogo um contexto, uma bateria de elementos significantes que promovem seu discurso e que localizam um sujeito divergente, distinto daquele do discurso manifesto. O sujeito do significante é o que aparece ligado à concatenação dos elementos significantes, o sujeito do significado é aquele que é nomeado através do enunciado. Na estrutura da mensagem há uma determinada posição comprometida com o sujeito, embora não o diga claramente. Há um sujeito que enuncia a mensagem e há um sujeito enunciante divergente do primeiro; formulando de maneira mais simples, há uma divergência entre o conteúdo do enunciado e o fato que está em jogo no ato da enunciação. No trabalho analítico há um ponto de referência essencial que é o plano da enunciação que se procura resgatar situando o sujeito em relação a ele.

Um exemplo disso temos na *Interpretação dos Sonhos*. Tome-se como exemplo a análise do sonho da injeção de Irma. Através de distintas formulações que participam da mensagem do sonho, há uma posição que determina o sujeito das enunciações. As construções de linguagem que se realizam apresentam o que se poderia chamar de estratégia de linguagem que deixa o sujeito numa posição alienada.

No desenvolvimento de uma mensagem não apenas se comunica algo, mas, através dessa mensagem, o enunciante se posiciona em determinado lugar com relação ao interlocutor e ao código. Cada vez que o sujeito fala, expõe e exercita as regras do código, mas fica em determinada posição com relação ao outro: o sujeito compromete-se em função da estrutura da mensagem e relativamente a um código inexorável. A posição definida do sujeito é co-extensiva ou complementária à estrutura da mensagem e não pode ser buscada fora dela, pois em cada execução de discurso se tem, como resultado, uma determinada posição do sujeito que é relativa ao discurso e que não é dissociável da estrutura da mensagem.

Num grupo de pessoas, alguém lê um texto para outros que não podem ler, mas apenas escutam. A pessoa que lê tem defeitos de dicção e precisa, ao mesmo tempo, pensar no que lê e no que está dizendo. Pode-se relacionar esse exemplo com a distância entre o enunciante e aquilo que ele enuncia, e o fato de que esse sujeito atualmente faça essa leitura determina sua posição através da leitura que faz da mensagem: a enunciação que é posta em cena no momento da leitura do conteúdo enunciado é o que caracteriza a posição do sujeito. Não é a interpretação que ele faz do texto, senão o fato de tomar o texto e transformá-lo na mensagem que o caracteriza enquanto executante. Há um plano da execução e um plano do executado no conteúdo do enunciado. Mesmo que seja tomada a mensagem de outro, há sempre um plano de enunciação no fato de eu ter assumido a mensagem, isso me compromete como aquele que atualmente faz uso da palavra. É a falta de encaixe: há sempre o plano em que se exercita a palavra e um conteúdo do enunciado em que a palavra se realiza; a execução e o fato de executar tal estrutura da mensagem deixa o sujeito em uma determinada posição e o conteúdo que aparece na mensagem deixa o sujeito como um significante.

Falando de qualquer coisa, o sujeito pode querer deixar a si mesmo em uma determinada posição significada através do discurso, isto faz parte do discurso intencional do sujeito. Mas, por outro lado, à margem do que o sujeito intencionalmente quer promover, está o sujeito localizando-se em uma determinada posição, independentemente do que queira ou não queira. Quando o sujeito fala, mesmo que repita o que alguém já disse, faz deslizar a posição que ele ocupa frente ao que está dizendo. Quando alguém transmite uma notícia de jornal posiciona-se perante ela.

43

Pode-se ilustrar a questão de sujeito do significante e sujeito do significado da seguinte forma: alguém diz que determinado filme é nacional e é uma excelente obra; a pessoa não está falando de si, mas fala significada através da mensagem na posição de quem estima a produção nacional e aprecia determinada posição ideológica manifestada pelo filme. Houve algo que deliberadamente o sujeito buscou alcançar através da mensagem, mas houve um nível mais profundo e complexo, aquele que se forma à margem do que intencionalmente almejava o sujeito declarar. Aqui localiza-se o sujeito do significado. O trabalho analítico busca isso, a decifração da estrutura formal que, articulada, localiza o sujeito em uma posição definitiva.

Se se pergunta que elementos significantes põem em jogo a enunciação, localizando o sujeito através da mensagem, independentemente do conteúdo do enunciado, encontra-se o sujeito do significado. A questão é complexa, porque põe em jogo uma ruptura lógica entre o plano da enunciação como plano inconsciente e o plano do enunciado como plano pré-consciente — consciente.

Voltando-se ao sonho de Irma, há um ato que compromete o sujeito que sonha em determinada posição (sujeito do significante, sujeito da enunciação do enunciado onírico) e, em segundo lugar, há um sujeito do significado através desse sonho, através das formulações que encontramos nas análises dos diversos fragmentos feitos por Freud. Em cada um desses fragmentos é como se insistentemente se comprometesse sempre um mesmo sujeito da enunciação em um processo de justificativa ou de extensão de responsabilidades com respeito a alguma coisa. Esse sujeito está em um plano formal, a estrutura da mensagem é o que o nomeia.

Existe uma reiteração da posição do sujeito do significante, uma mesma posição que se repete através de diversas permutas e variações entre os elementos significantes. No caso de que se produzam diversos fragmentos, o sujeito pode ficar situado de diferentes maneiras como sujeito do significado, mas em todos os fragmentos fica situado da mesma maneira como sujeito do significante. Há uma discrepância na distância entre aquele que é o que atualmente exercita a comunicação e aquele que é nomeado ou significado através do enunciado. Há uma distância entre o aspecto formal e o aspecto do conteúdo, e há uma distância entre o aspecto formal de um sujeito que não está senão na concatenação e através dela, sujeito da enunciação, frente ao outro que aparece como sujeito do enunciado. Não há um recolhimento perfeito entre esses dois planos, o que implica assinalar a distância entre o sistema inconsciente e o sistema pré-consciente — consciente formulado através de um modelo ou de um esquema lingüístico que serve de operador teórico.

Formula-se a questão se, quando eu falo sobre mim mesmo, o que digo se ajusta efetivamente ao que sou, o que equivale a perguntar se o meu discurso se adequa à minha realidade. Mas, em um nível mais sutil, apresenta-se algo diferente: a questão não é saber se eu digo efetivamente o que sou mas se, à margem disso, no momento em que eu falo, aquele que fala e aquele de quem se fala são o mesmo ou se há uma distância entre os dois.

Durante uma sessão de análise, se alguém fala e diz algo sobre si mesmo, pode-se limitar a consideração a verificar se o que ele diz concorda ou não com alguma realidade do sujeito; outra dimensão seria se aquele que agora enuncia tal coisa converge ou não com o que denuncia tal coisa. O sujeito que está comprometido no fato da enunciação é diferente do que fica comprometido no aspecto do enunciado.

Não interessa se o *dictum* do paciente concorda ou não com a realidade objetiva, interessa averiguar o que quer dizer o fato de o paciente enunciar tal enunciado e, por outro lado, a relação com esse sujeito do significado através do enunciado. No primeiro caso, comparamos o sujeito tal como significado no enunciado com o que supomos que é a realidade objetiva; no segundo caso, estabelece-se uma relação entre o sujeito do enunciado tal como se apresenta e o fato da enunciação.

ESPELHO, Estágio do — O trabalho de Lacan "O Estágio do Espelho como formador da função do Eu" foi apresentado no Congresso Internacional de Psicanálise de Zurich, em 1949, mas escrito em 1936 — dois anos antes de Freud escrever "Clivagem do Ego no Processo de Defesa" (1938). Um dos pontos cardeais do pensamento lacaniano, o estágio do espelho procura pensar o chamado narcisismo primário e, ao mesmo tempo, fundar uma teoria da antropogênese do Sujeito humano.

Os momentos teóricos relevantes desse "estágio" são, para a teoria lacaniana os seguintes:

— o estágio do espelho constitui o momento inaugural da estruturação dípica (v. EDÍPICA, Situação) segundo um efeito de *fase,* que elimina qualquer tentativa de localização genética evolutiva;

— a experiência do confronto de uma criança e um filhote de macaco em um espelho constitui (como exemplo construído pela psicologia comparatista) somente um motivo de leitura topológica que permite instrumentar conceitualizações do campo psicanalítico;

— o efeito mais relevante constitui a "vivência gozosa" (*Aha-Erlebnis*) pela aparição de uma "imagem completa" que antecipa, na vivência, uma completude que, pela falta de defesa e imaturidade, a criança não possui: isto só é possível por uma maturidade relativamente perfeita que a visão do *in-fans* já possui;

— a imagem que o espelho lhe devolve produz efeitos estruturantes, mas ilusórios. Seus efeitos são o Imaginário (v. IMAGINÁRIO), porquanto é no Imaginário que se constitui uma falsa unidade que inaugura um modo de Sujeito, um lugar onipotente (Eu-Ideal) e uma dialética de identificações conforme esse modo alienante de ser o outro;

— a *Imago* da espécie (*imago* no sentido psicanalítico do termo) estrutura psicanaliticamente o Sujeito, retificando a exoscopia e a dispersão dos membros para uni-los em uma ilusão de indivisão. Este poder da *imago* tem seu antecedente no mundo animal: uma pomba ovula apenas por uma visão de uma forma de pombo, um grilo indiferenciado toma a forma do grilo que o enfrenta, etc., o que permite dizer que a imagem permite o engodo e a trapaça;

— a fase do espelho instaura uma relação dual na forma da dependência, matriz simbólica que marca todas as posteriores identificações e na qual o Eu se precipita. Esta relação imaginária se liga à aproximação dos desejos, sendo o *in-fans* colocado como desejo do desejo do outro: a Mãe, objeto primordial que atua, na tópica lacaniana, desde o lugar especular que estrutura o Sujeito. Este objeto (ausente) configura o *petit a* nos gráficos de Lacan, segundo uma álgebra cuja função é impedir a redução desse *lugar* à mãe fática em conexão com o sistema simbólico e com a Cultura, marcando o humano pela ruptura original com a Natureza. Esse efeito de fase possibilita o ingresso no simbólico (v. SIMBÓLICO, Ordem do) em um Drama cujo proveito é poder dizer Eu (*je*) suportando o discurso do Outro;

— em seu efeito de fase, o Estágio do Espelho constitui o registro do Imaginário e o imaginário do Sujeito, prefigura a preexistência do simbólico com a Paternidade, a Lei e a Morte e define o Real (v. REAL) para o dito sujeito;

— o desenvolvimento do Eu(fragmentado) depende dessa matriz e essa ortopedia primeira previnirá a dispersão psicótica;

— a relação com o próprio corpo (corpo que é dado ao Sujeito com as marcas do outro) marcará todas as "relações de objeto" como objetos de seu desejo. Seu corpo "imaginário" será a causa de seus próprios objetos, também eles imiginários, evanescentes, incapazes de ser um último objeto, posto que estarão ali como substitutos do primeiro objeto (ausente), fazendo com que a forma do Sujeito seja a carência e a falta.

ESTILO LACANIANO — A complexidade do estilo lacaniano está intimamente relacionada com os postulados de sua teoria, o hermetismo é de natureza metodológica, incorpora o equívoco e a distorção em um discurso resistente à compreensão imediata. Em um estilo que confere literariedade à escrita, Lacan volta-se para a materialidade do significante numa demanda de interpretação que oferece um meio para que se saia do círculo-de-giz-de-prender-peru em que a convenção nos enclausurou. Há um coeficiente de enigma a que se acrescenta uma série de estratégias com intenção de captura, o que se constitui em grande risco para o trabalho intelectual. Decorrentemente, um grupo de iniciados no qual surgiu a escola lacaniana e no qual se desenvolve o pensamento de Lacan, passou a adotar um estilo charadístico, às vezes esotérico, que tem muito a ver com o amplo desconhecimento e com a grande polêmica que cerca o nome de Lacan. Essa via alusiva, usada pelos seguidores de Lacan, provocou a perda do rigor conceitual, gerando uma repetição de fórmulas que têm a caracterizá-las a imprecisão terminológica. Por outro lado, iniciou-se um estilo de intercomunicação exclusivo de iniciados imediatos que impede uma comunicação científica de maior alcance. As chaves do estilo lacaniano devem ser buscadas com uma sagacidade especial, porque não existem pautas, as alusões devem ser reconstruídas com uma estratégia hermenêutica de decifração do texto. O essencial é precisar os conceitos que estão em jogo.

EU E SUJEITO — Há uma heterogeneidade radical entre o sujeito e o eu; não se pode reduzir o sujeito à realidade de si mesmo, e o eu opera num determinado recobrimento das relações simbólicas que estruturam o sujeito. O eu se manifesta através das resistências; em Freud há toda uma elaboração da noção de resistência que é correlativa ao bloqueio do acesso ao reprimido, e o eu é caracterizado como um sistema ideal, bloqueio de uma emergência, bloqueio daquelas relações que conduzem ao núcleo do reprimido. Nesse sentido, o eu é o centro das resistências e não é pensável senão como eu-outro, não há um eu pensado unitariamente.

A teoria do estágio do espelho caracteriza essa estruturação narcisista em que se dá uma primeira unificação corporal do sujeito e, correlativamente, uma primeira fisionomia do que vai ser o real do sujeito.

Um dos desvios da psicanálise pós-freudiana seria a confusão entre o eu e o sujeito em uma interpretação do eu como o ponto em que deve se centrar a tarefa analítica. Lacan sustenta que há um contradição interna nessa formulação, porque precisamente no desenvolvimento de Anna Freud quanto ao eu e a os mecanismos de defesa, se sustenta duas teses que se chocam. Por um lado, a concepção do eu como núcleo das resistências, funcionando através de mecanismos de defesa como função de encobrimento e, por outro lado, considera-se que esse eu possa ser aliado do terapeuta. Lacan enfatiza o primeiro aspecto que liga todo o desenvolvimento da noção de resistência da teoria freudiana; neste ponto de vista, sustenta que o eu pode ser caracterizado como núcleo das resistências que opera, por conseguinte, em relação à ordem inconsciente, como o que bloqueia o contexto de associação que conduz ao núcleo do reprimido. Assim, a noção de resistência fica caracterizando o eu como função de desconhecimento, o que vai ser desenvolvido por Lacan na tópica do imaginário, no estágio do espelho.

FALO — Da mesma forma que Lacan transforma o signo lingüístico de Saussure no algoritmo $\frac{S}{s}$, para instaurar a barra que separa duas ordens autônomas, assim, também, transforma a noção freudiana do falo no significante que, na situação edípica (v. SITUAÇÃO EDÍPICA), assinala as funções da subjetividade. A primeira consideração que se deve fazer é que, para a criança, em sua subjetividade, o falo marca a presença do pênis, enquanto que, para a teoria, o falo é igual à carência e falta (*manque*) do mesmo. Mas é preciso observar que aquilo que surge como presente para a criança, de forma ilusória, é o que não está e nunca esteve: trata-se da presença de uma ausência, ou melhor, de uma fal-

55

ta. Esta noção de falta surge na teoria lacaniana tendo por base uma crença. "Presença de uma ausência" é a mais exata definição de significante. Na teoria lacaniana, o falo não é representável, não pertence à ordem das representações imaginárias, porém, como falo simbólico, funciona como circulante na estrutura edípica, produzindo a variação de seus tempos na determinação de funções de seus personagens.

Quando, na teoria lacaniana, se fala de falo imaginário — imagem fálica — surge o tema da completude corporal, representação que o sujeito faz de si mesmo, produzindo uma cristalização do eu mediante uma imagem totalizadora que antecipa sua imaturidade e falta de coordenação motora. A este "falo", Lacan denomina "objeto imaginário com que o sujeito se identifica", marcando, assim, a perfeição (não-carênci) narcisista onipotente da fase do espelho para a criança, enquanto seja um dos pólos da dupla mãe fálica-narcisismo. Para a mãe, este mesmo falo (o filho) representa (na outra cena do inconsciente) outra coisa para seu desejo. O fato é, pois, o significante de entrecruzamento de dois desejos, articulação de duas ordens, a transmissão de duas cadeias, a possibilidade de circulação e intercâmbio. Por esse motivo, se configura no Terceiro Tempo da situação edípica a *metáfora paterna*, operação que, no simbólico (Outro), põe o Nome-do-Pai em substituição ao Desejo da Mãe e seu produto (sujeito narcisista), induzindo, assim, a significação fálica que faria emergir o indivíduo como sujeito barrado *($)* pela separação consciente/inconsciente. O quarto ponto da "triangulação edípica" é o grande Outro (A), lugar do Pai e do Simbólico, enquanto o "a" minúsculo marca o objeto de desejo, lugar da mãe, especularmente simétrica com esse "a", lugar do imaginário onde o *in-fans* se recobre (*investissement*) com suas identificações.

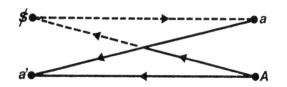

O falo imaginário, pois, é qualquer coisa que possa completar uma falta na subjetividade (corpo, pênis, dinheiro) atribuindo-lhe, assim, "um lugar de preferência", para o desejo do outro, Eu-Ideal da relação dual narcisista. O falo simbólico não está caracterizado pela oposição presença/ausência, mas pela possibilidade de substituição, de circulação que possibilita dar e receber. "Este" falo se pode ter e perder (castração), mas *não se pode ser*. O falo marca a forma de organização, seja esta imaginária ou simbólica, que regula a estrutura do sujeito.

IMAGINÁRIO, O — Um dos três registros essenciais do campo psicanalítico é também o primeiro efeito da estruturação do sujeito para o outro. No desenvolvimento da teoria lacaniana, encontram-se as seguintes modalidades referidas ao Imaginário:

— a primeira refere-se à constituição da fase que localiza a passagem ao Primeiro Tempo do Édipo que, com o Estágio do Espelho (v. ESTÁGIO DO ESPELHO) fundaria o modo de relação narcisista nessa dupla chamada mãe fálica-narcisismo, relação dual estruturada pela *Imago* do semelhante cuja posição na estrutura fica marcada pela onipotência: a Mãe *tem* o falo, a criança *é* o falo ausente da mãe;

— a segunda modalidade refere-se aos efeitos que esta fase estrutura, o Eu especular (*Ich*-Ideal de Freud), lugar do *Moi* (*a'*) em correspondência com os objetos metonímicos do desejo (*a*): objetos esses que, enquanto substitutos da carência inaugural que opera como causa, surgem sob a ilusão de reais objetos da pulsão;

— a ilusória "unidade" do sujeito é a terceira modalidade e brinda o sujeito com a última garantia contra a exoscopia dos membros da dispersão originária, da prematuridade e falta de defesa do *in-fans*. A esta modalidade pertence o estatuto do *fantasma* como cenas originárias enquanto organizadoras da dialética das identificações que desde esse momento se operam.

A psicose põe em questão esta posição "primeira" mediante a remissão à fantasia do corpo fragmentado; finalmente, o Imaginário emerge no discurso do paciente sob a forma da demanda ao analista, lugar que o põe como fetiche-de-identificações pela transferência e com o qual acredita manter um diálogo comunicativo.

O Imaginário deve ser entendido sempre, qualquer que seja sua modalidade aqui apontada, como um efeito de desconhecimento da eficácia simbólica, da operação de desejo do Outro e da estruturação edípica (castração).

INCONSCIENTE, A tópica do — Lacan diz ser fundamental para a compreensão da teoria do significante a definição da tópica do inconsciente e afirma que essa tópica é a mesma que define o algoritmo $\frac{S}{s}$. (v. SIGNO)

Todas as formulações freudianas apontam a manutenção do *status* do inconsciente como uma ordem irredutível. A regra analítica da livre-associação é congruente com a noção de um inconsciente estruturado por elementos formais, isto é, existe uma ordem inconsciente que se poderia chamar, também, uma sintaxe do inconsciente: o inconsciente definido por um certo ordenamento fundado em duas leis constitutivas que Freud caracteriza como deslocamento e condensação

(v. PROCESSOS METAFÓRICO E METONÍMICO).
O que Lacan desenvolveu ulteriormente foi o aspecto formal e o aspecto dialético do inconsciente. Mostrando que a técnica analítica é co-extensiva a essa estruturação ou a esse ordenamento do inconsciente, Lacan desenvolve a diferença entre o inconsciente freudiano, por um lado, e o inconsciente pré-freudiano por outro, isto é, a noção de uma determinação simbólica frente à noção de um não sabido.

Os sucessores de Freud usaram a livre-associação sem perceber o que ela realmente implicava e atribuíram a Freud esse desconhecimento. O verdadeiro fundamente da livre-associação é a ligação dos elementos significantes que constituem o inconsciente por leis rigorosas que são a metáfora e a metonímia, ou seja, o inconsciente é uma ordem. Lacan critica a análise que não viu que no fluxo da livre-associação há um encadeamento rigoroso, uma série de relações sujeitas a uma articulação.

Os pós-freudianos não entenderam a noção de inconsciente, fizeram uma má leitura de Freud orientados por uma concepção instintualista do inconsciente que não lhes permitiu perceber a sintaxe do processo articulatório mas, apenas, uma justaposição de conteúdos.

Lacan critica toda a versão do inconsciente como reservatório instintivo, concepção que postergou a visão do inconsciente como uma estrutura simbólica em favor da concepção biológica, que veio a criar uma tradição vigente até a formulação da teoria do significante. A preponderância dada à dimensão do primitivo e do primário do inconsciente foi geral, o aspecto formal foi perdido de vista, o que, justamente, Lacan destaca como fundamental. Daí a crítica de Lacan com respeito a uma leitura freudiana vigente até ele. Nos *Écrits,* formula-se uma crítica à interpretação tradicional que não compreende o fundamento da técnica em relação à concepção freudiana do inconsciente, não vê a diferença que existe entre a teoria freudiana da associação e a teoria empirista da associação, aproximando o incompatível. Freud, referindo-se a Hartmann, destacou a diferença de sua teoria e da teoria empirista de associação, mostrando que a falha tradicional foi tentar entender o sonho como uma composição pictórica, e não na dimensão estritamente simbólica dos elementos de uma combinatória (v. DISCURSO ONÍRICO).

Quando Freud se refere ao barco sobre o teto, formula uma tese insistentemente repetida, e aí claramente ilustrada, de que o sonho é um hieróglifo, isto é, que seus elementos não podem ser entendidos analogicamente, mas em uma relação formal. Nesse momento, Freud se encontra nos limites das possibilidades dos conceitos teóricos que sua época ofereceu, porque, evidentemente, faz referência a uma sintaxe lingüística do sonho quando não há apoio nos estudos lingüísticos dominantes para tal formulação. Há uma evidente distância entre uma mera composição pictórica, isto é, figurativa e plástica, assentada na imagem, e a concepção de uma concatenação do mundo significante que torna possível decifrar o sonho. Tudo se relaciona com a técnica de decifração trabalhada por Freud no método de interpretação onírica, onde afasta a concepção de uma interpretação global do sonho. O valor da imagem está subordinado à função simbólica de condensação e de deslocamento, logo, o que importa não é a figuração como conteúdo, mas a combinatória formal que está em jogo no trabalho onírico. Esse é o modelo da eficácia do inconsciente, modelo que permite entender o sintoma (v. SINTOMA), pois, na formação do sintoma está em jogo esse mesmo mecanismo que, na interpretação dos sonhos, permite a decifração: o mecanismo significante.

O material clínico de Lacan surge nos *Écrits* esporadicamente e, além disso, apenas em relação com casos freudianos. O que é essencial no estudo de Lacan é a descoberta das relações entre elementos formais a partir dos quais se produz um sentido e não, inversamente, a partir de um determinado conteúdo semântico procurar entender o sonho como sua expressão. Esta é a chave da proeminência do significante com relação ao significado. As versões clássicas de interpretação dos sonhos dão preponderância aos conteúdos, aos significados. Com isso, a forma aparece como purante arbitrária, como uma expressão exterior e não como uma ordem determinante com respeito ao significado. Análises interessantes no campo freudiano mostram a ten-

63

dência a entender o sonho como um conteúdo de significado expresso através de uma forma, ou seja, que a forma é irrelevante, o essencial é o significado e este é dissociado da forma. Desse modo, a forma surge como uma casualidade e não como algo sujeito a uma lei. Entende-se por forma a articulação dos elementos puramente significantes, ou seja, a articulação de elementos em que se descobre um significado e não a expressão de um significado independente deles. Freud fala de representações finais na articulação das associações, isto é, há diversos elementos nos quais convergem diversas séries associativas em uma coerência interna primária e não secundária. Essa visão se contrapõe àquela tradicional em que a associação onírica respondia ao acaso da série de elementos que iam aparecendo nas associações prévias, quer dizer, o indivíduo associaria cada vez de maneira mais convergente em função das primeiras idéias ou das primeiras ocorrências, mas descobrindo com isso o casual nas primeiras associações e nas associações ulteriores sem a existência de um nexo interno entre os elementos. Afirma Freud, porém, que tanto os restos diurnos quanto o material mesmo do sonho, estão submetidos a um tratamento especial. Um pensamento normal está submetido a um tratamento que o deforma e é esse tratamento sintático que tem por efeito os produtos oníricos.

Para Freud o sonho é uma formação do inconsciente, elemento determinado de uma concatenação ou de um complexo psíquico em que tudo se liga ao fato de haver um conjunto de sentido que estabelece uma relação significante que permite a reconstrução de todo o processo. Isto é tão válido para a interpretação do sonho quanto para a interpretação do sintoma e também para a interpretação como intervenção analítica. É possível estabelecer-se uma equivalência entre a função de interpretação do sonho, da histeria e da neurose em geral, mas essa equivalência se verifica, especialmente no caso da neurose, pela resolução do sintoma, de tal forma que a resolução do sintoma através da interpretação analítica seria coextensiva à resolução decifradora do sonho, ou seja, haveria uma equivalência na qual viria a validação pelo lado da transformação ou da eficácia resolutiva com relação ao sintoma. O problema que se coloca é saber qual o contexto em que essa validação se move, se é um contexto que se desenvolve no plano da decifração ou se é um contexto que transcorre no plano observacional. Evidentemente, o marco de experiências do plano de decifração não é redutível ao marco de experiências nascidas da observação. O problema está em saber se a relação estaria entre um enfoque centrado em uma perspectiva empirista ou hipotética dedutiva e um outro trabalho centrado no contexto lingüístico da decifração. São diferentes contextos de experiências e vê-se que no trabalho freudiano há a descoberta de um contexto de experiência que é ratificado. Lacan comenta que a psicologia observacional, a psicologia empírica, centra sua postulação em um domínio de experiência diverso do domínio de experiência descoberto por Freud na significação, encontrada tanto no trabalho onírico quanto na construção do sintoma. Um é o plano da ordem significante e outro é o plano do dado observável, duas ordens que não são superpostas e não podem ser reduzidas uma à outra. Por isso, assevera Lacan que o retorno à letra de Freud mostra àqueles que crêem na mera casualidade, a coerência absoluta de sua técnica e de seu descobrimento, ao mesmo tempo que permite situar esses procedimentos em seu próprio *status*, porque marca a solidariedade do trabalho de associação com a estrutura do inconsciente tal como Freud a formula. Eis por que toda retificação da psicanálise impõe uma volta à verdade deste descobrimento em uma leitura orientada para a circunscrição da especificidade do inconsciente freudiano, ponto de partida de toda a construção teórica. Na análise dos sonhos, Freud não pretende outra coisa senão mostrar as leis do inconsciente em sua extensão mais geral. Fala-se de leis porque trata-se de uma ordem sujeita a uma legalidade formal em sua mais ampla extensão, sendo que Freud afirma que no sonho, por excelência, temos uma estrutura válida em todo o funcionamento do psiquismo humano e o sonho é propício a isso por não revelar menos essas leis no indivíduo normal do que no indivíduo neurótico; isso quer dizer que o sonho surge como um modelo que permite ligar os processos neuróticos aos processos normais. Em outras palavras, através do sonho descobre-se a estrutura universal ou a universalidade da estrutura do inconsciente. Mas a eficiência do inconsciente não se detém no despertar a experiência psicanalítica, ela constitui antes o estabelecimento de que o inconsciente não deixa nenhuma de nossas ações fora de seu campo e aí estaria a universalidade de sua estrutura. Sua presença na função de relações do indivíduo merece, não obstante, ser precisada. Se se sabe que a motivação inconsciente se manifesta tanto nos efeitos conscientes quanto nos efeitos psíquicos inconscientes, inversamente, é elementar observar que a noção do que fica à margem com respeito ao saber consciente do não-sabido não cobre globalmente o campo do inconsciente freudiano. Não é senão por um abuso do termo que se confunde psíquico e inconsciente, neste sentido, e que se qualifica também de psíquico um efeito do inconsciente sobre o somático. É um abuso do termo confundir o inconsciente freudiano com aqueles efeitos do que fica à margem da consciência com relação ao somático. A determinação simbólica que Freud propõe não é superposta a um enfoque psicossomático que não vê claramente o simbólico pela função de uma sintaxe lingüística que atua no inconsciente freudiano como determinação psicológica. Freud fala de uma determinação simbólica, e se se fala do somático, há um valor como suporte de relações significantes, mas não um efeito de continuidade entre o psíquico inconsciente e o corpóreo como estando em um plano do que fica à margem da consciência.

Na conversão somática a corporeidade está servindo de suporte a uma estrutura significante, mas na concepção psicossomática se fala em uma conjunção entre o corporal e o psiquismo inconsciente sem que seja especificada a natureza desse inconsciente como sistema, como linguagem ou como função simbólica. Isto é o que Lacan quer diferenciar: por um lado a concepção de um psiquismo inconsciente que não está formalmente articulado em elementos simbólicos, por outro lado, a concepção de um inconsciente que essencialmente consiste nessa articulação. A paralisia aparece como uma construção da linguagem encarnada no corporal, então há uma determinação na qual o formal está fundando a possibilidade desse sintoma. No enfoque psicossomático se fala de uma continuidade do psiquismo, de uma entidade psicocorporal, mas não se vê a relação entre o simbolismo e a somatização. A paralisia histérica, por exemplo, é uma mensagem na qual sua construção toma como suporte a função corporal, o que, por sua vez, pressupõe que essas funções corporais estejam marcadas em um corpo libidinal que está funcionando simbolicamente, ou seja, não se trata simplesmente de uma corporeidade descritiva ou de uma corporeidade anatômica.

Não basta dizer que há um psiquismo inconsciente; Freud não introduziu isso, já havia um grande desenvolvimento dessa noção na psicologia; o que Freud introduziu foi uma determinada noção de inconsciente ao descobrir uma determinada estrutura. Dizer que o inconsciente não é um conjunto de conteúdo equivale a assinalar que é um determinado processo operatório que transforma certos conteúdos, logo, o importante não é saber quais são os conteúdos, mas qual é a forma através da qual se modificam. O enfoque psicossomático chega apenas a um nível de correlação entre o corporal e o psíquico, sem alcançar o plano de reconhecimento de um esquema ou de uma estrutura corporal orientada por funções simbólicas. Esse enfoque não diferencia o corpo anatômico da corporeidade libidinal, quer isso dizer que esse é um enfoque que fica na etapa prévia. O enfoque psicossomático fala de um sentido, aparece um fenômeno corporal que tem um sentido, mas não se vê de que maneira esse sentido é um produto. O problema consistiria no seguinte: é necessário desenvolver um enfoque desde a perspectiva da ordem simbólica freudiana com respeito ao que se conceptualizou globalmente como úlcera? Fala-se que há um sentido nessa formação sintomática, mas não se vê qual sua relação formal ao contrário do que Freud conseguiu perceber no caso da paralisia histérica. Desde esse ponto de vista, teria que fazer-se uma teoria da corporeidade libidinal freudiana que permitisse entender a articulação dos fenômenos psicossomáticos. Não foi ainda desenvolvida uma teoria que dê conta desse corpo simbólico, porque não bastam referências como as que são feitas nos enfoques que consideram a convergência da conduta emocional no cérebro interno e marcam uma aproximação dos efeitos somáticos e da função psíquica. Tudo isso é uma hipótese altamente especulativa, enquanto Freud fez um trabalho muito mais detalhado e circunscrito.

O problema é descobrir os fenômenos universais do código que atuam através dos fenômenos chamados psicossomáticos. Quando se diz fenômenos do código quer-se dizer fenômenos de organização e funções significantes que estão tomando como suporte funções corporais. Esses fenômenos são universais, porque em cada sujeito terão uma configuração singular, mas sobre uma organização universal. Portanto, não há como confundir psíquico com psicossomático; no caso de enfermidades psicossomáticas, algumas têm uma expressão orgânica e podem ter implicações no inconsciente, mas não no sentido de que haja toda uma vinculação entre o sintoma como significante e o inconsciente estrutural ao qual poderia chegar. Essa situação aparece como uma limitação para a interpretação dos fenômenos psicológicos. Não se trata de uma limitação de princípios, mas de uma limitação das diferenças teóricas na atualidade que levam a discriminar entre a postulação centrada no inconsciente freudiano e a atualmente vigente quanto ao enfoque psicossomático. Isto não é uma limitação de princípios no campo teórico, mas a abertura de um segundo enfoque: a possibilidade de rever tudo que tem sido conceitualizado como psicossomático a partir do ângulo do sistema de simbolização. Uma coisa é afirmar que, por princípio, há uma diferença entre o campo do psicossomático e o campo das somatizações no contexto analítico; outra coisa é atender que no campo analítico se pode ultrapassar o enfoque tradicionalmente psicossomático no sentido de pensá-lo através dos processos de simbolização que nele operam. Assim como é possível analisar quais são as diferenças dos processos de simbolização que atuam no campo da neurose e da psicose, caberia também diferenciar quais são os processos de código que atuam no que tradicionalmente se chama psicossomático. A partir daí, abre-se outra dimensão para o estudo dos fenômenos psicossomáticos, fenômenos que pertencem a um código intersubjetivo que terá sua especificação em cada caso, mas que pertence a uma estruturação formal supra-individual.

Determinadas patologias psicossomáticas têm uma conotação universal, por exemplo, observa-se que os asmáticos, de alguma maneira, têm problemas com a separação e com o abandono e que, habitualmente, a aparição de uma patologia asmática está correlacionada com isso. Nesse caso, os elementos em jogo são bastante indiscriminados desde o ponto de vista simbólico, pois em uma conversão histérica é bem mais fácil entender o conceitual. No caso das enfermidades psicossomáticas, há uma reação muito mais desorganizada que dificulta a interpretação.

O problema que aqui se coloca remete, primeiro, aos processos de simbolização que estão em jogo e, em segundo lugar, à etapa do desenvolvimento da estruturação do sujeito em que se produzem determinados conflitos. Uma anorexia, por exemplo, pode ser ligada com determinada fase vinculada ao complexo de desmame e, além disso, é determinante o momento dessa instauração com respeito ao desenvolvimento ulterior. Aquilo que pode aparecer, em princípio, como muito mais nítido no caso da conversão, ao contrário dos casos psicossomáticos, pode ser considerado, pelo ponto de vista das variantes que o processo de simbolização apresenta, em função da fase na constituição do sujeito em que o conflito se produz. Esses parecem ser aspectos a partir dos quais se pode colocar a diferença entre o quadro chamado psicossomático e o quadro mais expressamente definido como conversão histérica. Isso implica reconhecer uma certa convergência que torna possível falar, em ambos os casos, de um processo de simbolização e não de um limite que se pudesse colocar ao enfoque analítico. Quando se trata de um campo em elaboração, é preciso verificar as possibilidades apresentadas ao enfoque analítico, tendo-se em conta as características do processo de simbolização, segundo a fase na história do sujeito em que o conflito se produziu; isso é indispensável para que se possa delimitar o campo do que é tradicionalmente chamado psicossomático, do campo freudiano. Esse parece ser o ponto que pode atualmente entrar em debate em lugar dos habituais pontos de vista de personalidade global, personalidade total, etc.

Portanto, Lacan levanta a possibilidade de um enfoque que parte de todo um processo de simbolização e procura ver quais são as modalidades desse processo, segundo a fase em que a crise subjetiva se produz, como Freud fez no caso dos processos neuróticos e psicóticos. É muito importante analisar esse campo a partir de um enfoque simbólico ou de um enfoque assentado na eficácia simbólica. Em seguida, é preciso manter a especificidade desse descobrimento porque se está falando em função de noções já vigentes, e fica aberto um campo prospectivo em direção ao que se pode elaborar, mas, no campo vigente, há uma diferença essencial entre os conceitos de base em que se apóia o enfoque psicossomático e o enfoque freudiano. No primeiro caso, não há uma noção do inconsciente como estrutura simbólica, o que ocorre no caso freudiano.

Voltando-se ao exemplo da anorexia, e poder-se-ia tomar outros fenômenos, tais como a toxicomania, Lacan os lê em função de qual momento, no complexo de desmame, interveio a função da oralidade: como se estruturou o sujeito em relação à posição de oralidade no desmame. A partir daí, procura mostrar como a anorexia está ligada ao estágio de desenvolvimento do sujeito em que se localizou, nada menos que o complexo de desmame. Logo, não se trata somente do processo de simbolização mas de uma localização quanto à etapa no desenvolvimento da subjetividade em que o conflito se produziu. É preciso considerar — seja a fase do complexo do desmame, seja a fase do complexo de instrução, seja a fase reestruturante do complexo de Édipo — os diferentes momentos que estão dialeticamente ordenados, não simplesmente como seqüência cronológica, mas como cadeia articulada, porque cada um desses complexos vai estar reestruturado no complexo subseqüente. Lacan dá preponderância essencial à determinação simbólica no inconsciente e, em segundo lugar, ao caráter formal dessa determinação simbólica. A tópica do inconsciente se define em relação ao algoritmo, que conforme se viu (v. SIGNO), não era de Saussure, mas uma formulação de Lacan. A fórmula que separa significante e significado, através da separação, confere preponderância ao significante, e isso marca a ruptura com relação ao inconsciente, isto é, a eficácia do inconsciente fica centrada na eficácia da ordem significante. A partir daí se faz possível desenvolver a incidência do significante sobre o significado, estabelecendo-se a fórmula que formaliza a determinação por parte do significante.

LETRA, Instância da — A letra caracteriza o significante em sua materialidade, a materialidade é uma literalidade. O significante no seu aspecto material não é considerado somente no momento fônico, mas também no momento gráfico. Através de Freud, tem-se uma preponderância do que se pode chamar "escriturário", quanto ao papel do significante na caracterização do representante psíquico da pulsão. Freud caracteriza marcas, pegadas; na carta 52 é bem evidente uma ordenação dessas marcas.

O termo instância é tomado em sua evocação latina, implicando antes de mais nada um momento sistêmico. No caso do capítulo dos *Écrits*, "A Instância da Letra no Inconsciente ou a Razão desde Freud"*,

---

* Trad. bras.: *Escritos*, São Paulo, Perspectiva, 1978, Debates 132.

a instância caracteriza o momento sistêmico do inconsciente como instância da letra, ou seja, o inconsciente fica proposto ou caracterizável como o sistema da letra ou a ordem da letra, o significante em sua materialidade. Além dessa primeira acepção de instância como sistema, a palavra vem do verbo latino *instare,* que significa instar, apressar, estar iminente, urgir. Nessa segunda acepção, caracteriza uma função, a função do inconsciente como questionador do sujeito. O inconsciente põe o sujeito em questão como um discurso outro, o sujeito através do discurso do inconsciente se encontra com algo que está além do que ele controla como dito, algo o surpreende como uma outra coisa que ele não formulou, e basta que se pense em um lapso ou em qualquer das formações do inconsciente para perceber isso.

Falando-se de sujeito não se está falando do eu, mas se está caracterizando uma posição, um lugar relativo ao discurso interrompido que é o inconsciente. O sujeito está aqui caracterizado como um condicionado, determinado pelo inconsciente como uma outra ordem e, nesse sentido, o sujeito está na acepção de sujeitado. O sujeito não é um centro, ao contrário, ele sofre a excentração, está fora de seu centro, subordinado, sujeitado. Em segundo lugar, este é um sujeito partido, por conseguinte, é o lugar de uma ruptura e não de uma síntese ou de uma unidade. O que Freud caracteriza como sujeito é a ruptura consciente, pré-consciente, inconsciente. Uma terceira acepção do termo instância é a de interpelação, o sujeito é interpelado a partir dessa outra ordem e é ainda em função dessa outra cena que o sujeito adquire seu *topos* em função da constelação simbólica. Portanto, a instância da letra deve ser entendida como formulação do inconsciente freudiano, como questionamento através da ordem da letra e como interpelação do sujeito a partir dessa ordem. Falar da instância da letra no inconsciente põe em jogo esses três aspectos.

O capítulo dos *Écrits* que fala da instância da letra tem uma segunda parte: "Ou a razão desde Freud". Aqui Lacan levanta uma questão básica: uma vez que Freud descobriu essa noção de inconsciente, questiona-se qual pode ser o sujeito desse inconsciente (v. SUJEITO, Noção de). A ruptura modifica a noção de sujeito como centro, agente e unidade (v. COGITO, Sujeito do); questionando-se o *cogito* em que se apóia a filosofia moderna, questiona-se o sujeito da ciência tal como foi pensado na modernidade. Se se toma como ponto de partida que o *cogito* cartesiano fundamentou o que se entendeu por racionalidade ou por razão na modernidade, pode-se entender que Freud propõe uma estrutura distinta daquela que se entedeu por razão. Numa segunda acepção, se em Lacan encontra-se uma tentativa de reflexão epistemológica com respeito a todo campo de pertinência analítica, essa reflexão a partir de Freud, isto é, não transferindo ao campo freudiano uma epistemologia pré-formada, mesmo que valha para o domínio da ciência em geral antes do descobrimento freudiano, mas formando uma epistemologia que considera a crise que provoca na racionalidade a problemática freudiana.

LETRA, O ser, o outro e a — Este subtítulo, em francês, é *"la lettre, l'être et l'autre"*, de modo que *lettre*, na homofonia, está marcando um fonema diferencial que desloca o sujeito desde a letra ao ser e do ser ao outro, verificando-se uma solidariedade intrínseca, que o autor demonstra através do subtítulo, entre a ordem literal e a ordem da letra, a ordem do ser e a ordem do outro como alteridade.

Lacan assinala a alteridade absoluta da ordem inconsciente como outra cena. A alteridade de que trata é a alteridade de um outro como semelhante, e caracteriza uma heterogeneidade absoluta e radical que aparece como o lugar da letra (v. OUTRO).

O segundo termo do subtítulo sugere que, através da letra, o ser do sujeito é posto em questão. No inconsciente o sujeito é questionado, Lacan desenvolve todo esse enfoque afirmando que é através da ordem simbólica que o sujeito fica localizado quanto à sua posição masculina ou feminina e quanto à sua relação com a morte. De tal forma que, na questão da ordem simbólica, está presente uma questão relativa ao ser do sujeito (v. ORDEM SIMBÓLICA). O sujeito não é questionado como um ente, mas como uma posição carencial. Há um conceito freudiano fundamental que se costuma traduzir por desamparo, falta de auxílio, e que Lacan interpreta no sentido da carência constitutiva do sujeito. O sujeito adquire uma entidade através de uma constelação simbólica que culmina justamente na estrutura edípica, lugar em que o sujeito ganha sua localização e sua identidade em relação à ordem simbólica parental.

O sujeito é servo da linguagem, porque é a partir da linguagem que o sujeito constrói sua mensagem, ficando portanto condicionado por essa estrutura [1]. A linguagem é o sistema que o precede e ao qual ele está condicionado, mas é o discurso concreto em seu movimento universal que localiza o sujeito em seu lugar. O discuro concreto ocorre no momento da execução da fala, é uma determinada constelação simbólica socialmente dada e dentro da qual se inscreve o sujeito como um sistema parental. O discurso concreto o toma, por um lado, na execução lingüística, e por outro, como um discurso consolidado em um determinado momento, que é o que segue enquanto estruturação parental à inscrição do sujeito dentro desse discurso. Num primeiro momento, o discurso concreto caracteriza o momento da mensagem, num segundo momento, caracteriza como discurso um determinado sistema de organização parental que captura em si o sujeito como uma constelação discursiva. No discurso concreto o sujeito adquire sua identidade através do que diz, a quem diz e do que recebe como resposta.

A concepção binária de Lévi-Strauss, natureza e cultura, é, em Lacan, substituída por uma concepção ternária: natureza, sociedade e cultura, concepção da

---

1. Quando Lacan utiliza o termo linguagem é no sentido do sistema que está em jogo como língua.

condição humana em que o último poderia se reduzir à linguagem. Em Lévi-Strauss, há uma lei fundamental fundada na interdição do incesto que possibilita o trânsito da sociedade natural à sociedade humana, através do intercâmbio na consangüinidade; assim explica Lévi-Strauss o trânsito da natureza à cultura. Pode-se, então, dizer que em lugar de pensar-se nos termos antagônicos, natureza e cultura, pode-se pensar em natureza, sociedade, cultura, pensando-se a cultura como lei de intercâmbio, ordem simbólica que possibilita a passagem da natureza à sociedade especificamente humana, sendo a linguagem o momento instaurador da cultura, enquanto sistema de intercâmbio simbólico que possibilita a troca de experiências. Logo, a experiência social humana, em comum, é um produto simbólico, lingüístico, no sentido amplo da palavra. A instauração social especificamente humana é produto de uma simbolização de caráter lingüístico, a historicidade humana se articula em função desta estrutura simbólica lingüística. Organizado o parentesco, se estrutura a sociedade e sua historicidade.

A situação edípica surge como uma determinada constelação simbólica parental e em relação a ela a historicidade do sujeito se estrutura; inclusive, vão produzir-se todos aqueles movimentos que Freud chamou de retroativos, porque reestruturam os momentos anteriores em função da situação edípica.

Na postulação freudiana é preciso diferenciar o que é uma historicidade fatual, o que é uma historicidade vivencial e o que é uma historicidade simbólica. A historicidade simbólica não é o vivido, mas a matriz em função da qual se ordenam os diversos momentos ou fases de sua própria historicidade (v. DESEJO).

Quanto à questão da localização da estrutura simbólica lingüística (v. ORDEM SIMBÓLICA), Lacan se limita a dizer duas coisas: por um lado, que as sociedades socialistas pareciam não ter gerado uma nova forma de linguagem, por outro, uma referência a Stalin, para quem a linguagem não poderia localizar-se na supra-estrutura. Se vemos o outro lado disso, parece sugerir Lacan a inter-relação entre o sistema simbólico lingüístico e a infra-estrutura. Lacan caracteriza a práxis dentro de determinado sistema, de tal forma que pode-se levantar o problema da relação do sistema lingüístico, enquanto sistema de intercâmbio, com o sistema das relações sociais de produção, com a infra-estrutura da Problemática de Marx. Marx em *Ideologia Alemã* se refere à linguagem como produto de intercâmbio e antecipa, assim, toda a noção de intercâmbio ligada à linguagem e pressagia a noção de valor de troca ao nível da linguagem.

LETRA, Sentido da — Num primeiro momento, pode-se entender o verbete como o significado ligado a um determinado significante em uma relação biunívoca, ou entende-se o sentido da letra como simples expressão de um determinado sentido que a precede ou que contém a letra. Isso é, exatamente, o que o verbete não quer dizer. Quando Lacan fala no sentido da letra é preciso interpretar isso, inversamente, como o sentido que a letra por si mesmo traz em sua combinatória, não o sentido que arrasta, mas o sentido que gera. A letra significante em sua combinação produz efeitos de sentido que divergem quanto ao sentido que ela poderia portar em uma relação biunívoca codificada na língua estabelecida. Basta pensar em um lapso, no esquecimento de um nome, por exemplo, onde se tem toda uma rede associativa a partir de um significante. Há um fragmento que por si mesmo não é portador de significação, mas que na composição lingüística produz um efeito de significado. Essa literalidade que produz um efeito de sentido é justamente o que, para Lacan, produz o efeito de heterogeneidade radical que está em jogo no inconsciente. Através dessa combinatória se articula um discurso totalmente outro e que está além da ordem dos significados que poderiam estar logicamente implicados. Portanto, quando Lacan fala do sentido da letra quer mostrar a preponderância do literal em relação ao significado que vai resultar em seu efeito.

METÁFORA — Lacan toma como referência um monema, "árvore", palavra usada por Saussure para exemplificar a linearidade do signo, para caracterizar a ilustração falsa que considera uma espécie de relação biunívoca de significante e significado sem considerar a relação dos significantes entre si, sua concatenação. A palavra "árvore", portanto, não é tomada no seu isolamento nominal mas em sua relação com outros significantes, tendo por base a noção de pontos de acolchoado, *point de capiton*. É preciso ter presente que a palavra francesa *arbre* tem como anagrama *barre* e entre as duas existe uma modificação da posição dos elementos significantes. Dessa forma, Lacan faz um jogo lingüístico pelo qual ilustra um dos aspectos da produção significante por meio da alteração dos ele-

83

mentos formais que estão em jogo na palavra *arbre*. Mas não se limita Lacan ao aspecto anagramático, ele procura mostrar que não é somente nessa mudança de posição de significantes que se produz um efeito de significado, ou seja, uma transposição da barra (v. SIGNO), mas, também, um efeito metafórico.

Isso implica afirmar que há uma produção de significação que é posta em jogo através da concatenação de significantes, conforme ilustra um anagrama em que a simples mudança de posição das letras varia o sentido. Para destacar a ressonância que produz a combinatória de significantes, Lacan assinala o seguinte: decomposta a palavra *arbre* de suas vogais e consoantes, ela evoca, com o carvalho e o plátano, as significações de forças e majestade da flora. Na decomposição de vogais temos *platane,* com as vogais *a, a* e *e.* Na decomposição de consoantes temos em *robre* as mesmas consoantes de *arbre: r, b, r.* Considerando-se as relações, o contexto associativo que se produz por via consonantal ou vocálica desemboca nesses dois outros termos que produzem um efeito significante de força. Neste exemplo, está a intenção de mostrar de que maneira uma palavra não está funcionando como um signo que remete a um significado, mas como um significante que em determinada constelação de significantes produz efeitos de sentido que não se reduzem a meros indicadores empíricos, como se a palavra *arbre* nos remetesse à coisa árvore que está diante de nós. Lacan procura mostrar o inverso: há toda uma constelação de significado através do significante que não remete ao empírico mas, ao contrário, faz com que uma dada palavra seja tomada em todo seu contexxto simbólico, tendo o figurativo como suporte. *Arbre* se reduz a *Y* maiúscula do signo da dicotomia como se fosse um tronco com dois ramos através do qual se abre um signo dicotômico que serve, ao mesmo tempo, para caracterizar uma árvore genealógica. Portanto, o figurativo da árvore fica capturado e passa a ser o suporte significante de uma determinada constelação simbólica: árvore circulatória, árvore da vida do cerebelo, árvore de Saturno ou de Diana, símbolo de premonição. Dentro de uma ordem determinada, a palavra *arbre* vai produzindo novos significados.

Observa-se os efeitos de consonância e de combinação que estão em jogo ao nível do significante nos seguintes versos:

Non! dit l'Arbre, il dit: Non! dans l'étincellement
  De sa tête superbe
Que la tempête traite universellement
  Comme elle fait une herbe*

Entre *arbre* e *herbe* há uma analogia fonemática, fonologicamente se destacam dois fonemas diferenciados. Encontra-se, depois, ao mesmo tempo, a consonância *superbe/herbe* e, por outro lado, o contraste *êtincellement/universellement*. Na palavra *tempête* encontra-se condensada a palavra *tête,* na mesma palavra está "cabeça" e "tempestade". Nos versos acima encontra-se a presença de uma lei: a do paralelismo do significante. Os significantes ressoam uns nos outros na série polifônica acionada em cada um desses versos. É através do jogo desses elementos significantes em combinatória e em contraste que se produziu um efeito que, traduzido o texto, seria perdido completamente. Isto vem demonstrar a eficácia do significante: em outra língua o jogo de condensação metafórica não funcionaria.

Nos versos, *arbre, herbe, tempête* surgem capturados por uma série de relações que expõe a construção significante e que, de forma alguma, remetem a uma árvore real, erva real ou tempestade real, mas, como palavras, funcionam em relação às outras para construir um mundo poético que é, justamente, a criação metafórica. No exemplo, esse efeito diz de uma negação e de uma soberba que se contrapõe à tempestade e, não obstante, a sobrepassa, reduzindo a soberba à universalidade da submissão da erva.

Tomando por referência um outro exemplo poético, Lacan analisa o efeito metafórico mostrando de que maneira a metáfora está constituída por uma substituição significante, pois é através dessa substituição que se produz o efeito inesperado de sentido.

* "Não! diz a Árvore, ela diz: Não! no cintilar
  De sua cabeça soberba
Que a tempestade trata universalmente
  Como se fosse uma erva".

Sa gerbe n'était pas avare ni haineuse*

O verso de Victor Hugo é tomado ao acaso, de tal forma que não possa parecer uma eleição condicionada pela intenção de confirmar a tese proposta. Para localizar o verso no seu contexto é preciso considerar que procede de uma poesia que tem como ponto de referência uma passagem do livro de Ruth, do Antigo Testamento, tomada como evocadora da metáfora paterna. O relato bíblico traça essencialmente a história de Ruth, viúva moabita, que vai viver perto da terra de Boz. Boz tinha fama de ser muito generoso e ela começa a trabalhar em sua terra desfrutando da prodigalidade do patrão. Um dia, Boz tem um sonho no qual a divindade lhe anuncia que vai ser pai. Essa promessa se cumpre efetivamente em Ruth. Em todo o contexto poético, é esse o motivo sobre o qual se desenvolve a poesia de Hugo. Estão em jogo dois aspectos fundamentais: de um lado a generosidade e a prodigalidade; de outro, a fecundidade, explicitada através do advento à paternidade. Lacan leva em conta os dois aspectos e procura ver como na substituição de "meda" por "Boz" se processa toda a eficácia poética que dá a essa metáfora a possibilidade de uma criação de sentido dentro do contexto poético. A substituição do significante "Boz" pelo significante "meda", por sua vez, fica marcada por um efeito de caráter metonímico que surge em "não era nem avara nem rancorosa". Evidentemente, este segmento, como ressalta Lacan, não pode referir-se senão ao vazio deixado pela substituição de "Boz" por "meda". "Nem avara nem rancorosa" são referências, é óbvio, a "Boz". Dessa forma, a substituição não vai acompanhada do desaparecimento completo do significante substituído, pois, se assim fosse, não haveria efeito metafórico. Encontramos, portanto, a metonímia (v. METONÍMIA), como uma pré-condição da metáfora nesse deslizamento de um significante que fica capturado, ausente por um lado, mas presente por outro.

No verso de Hugo, o possessivo (sua meda) é um fio que indica a relação com "Boz". Em um plano,

---

* "Sua meda não era nem avara nem rancorosa".
A palavra *haineuse* pode ser traduzida por "rancorosa". ou "vingativa", as duas versões são válidas, estão ambas presentes na palavra.

"meda" conota a generosidade, a riqueza, a magnificiência natural, etc.; em outro, enquanto ligado em todo o contexto à fecundidade, está representando o falo (v. FALO), metaforizando "Boz", evocando a paternidade. O desaparecimento de "Boz" através de "sua meda" enfatiza a generosidade de Boz pela carga conotativa de generosidade natural que existe na palavra "meda" e, com ela, desapareceu qualquer matiz de possessividade. A importância dessa consideração reside em que, tanto no que concerne à teoria do significante de Lacan, quanto no que diz respeito ao tipo de análise que procura dar conta de um processo literário de criação de significação, apresenta-se o significante como o suporte do significado. A significação poética é manifestada tendo por base os elementos significantes relacionados. Isso refaz o ponto de vista segundo o qual o escritor partiria de um sentido já dado em busca da expressão. Postula-se o inverso: da aventura do significante o escritor conseguirá, ou não, a produção do significado poético.

Em "meda" há toda uma série de conotação poética que confere um caráter de generosidade a partir do que formula, há uma série de elementos que, em lugar da substituição por imagens, capturam o significado dentro do contexto do significante.

A utilização da forma negativa, aumentando a positivação descritiva, consegue criar um efeito de irrealidade pelo qual aproxima, ainda mais, Boz à generosidade absoluta de sua meda. Se esse efeito, por um lado, afasta Boz, por outro lado o torna presente pela irradiação da fecundidade que faz com que Boz ressoe miticamente no poema. O desenvolvimento desse aspecto vincula o efeito metafórico à metáfora do Nome-do-Pai na situação edípica. Pois é entre o significante do nome próprio de um nome e o que o representa metaforicamente que se produz a centelha poética. O significante de um nome próprio (Boz) substituído por outro (meda) produz o poético tão mais eficaz à medida que realiza a significação da paternidade. Esse efeito metafórico reproduz o acontecimento mítico em que Freud reconstruiu o caminho, no inconsciente de todo homem, do mistério paternal. "Meda" ilustra o efeito metafórico posto em jogo pela postulação freudiana, no advento do sujeito a uma ordem simbólica através da metáfora paterna, isto é, através da relação com o nome do pai como sendo o significante que está metaforicamente mediando o significante fálico, fazendo com que o homem tenha acesso a sua determinação com respeito à posição masculina ou feminina relativa ao eixo simbólico fálico.

Isto remete a um ponto central da interpretação que Lacan faz da situação edípica, mostrando como nos três tempos dessa situação ocorre um momento crítico fundamental no qual, através da castração simbólica, o sujeito, que está inicialmente em uma relação de acoplamento ideal com a mãe, em um segundo momento, através da metáfora, passa a estar em relação com um terceiro elemento que vai representar a função simbólica do pai. O sujeito vai ser nomeado pela relação simbólica em que ele é simbolizado através do "outro" (v. OUTRO), significado pelo significante fálico.

Portanto, para Lacan, a substituição de "Boz" por "meda" faz uma reprodução que atinge a máxima eficácia poética no processo metafórico, que caracteriza o advento do sujeito a uma ordem simbólica representada pelo mistério paternal a que alude a postulação freudiana. Por isso Lacan critica o efeito metafórico tal como foi concebido pelos surrealistas: assentando-se no contraste máximo entre os termos. A insuficiência da definição surrealista está em não ver o efeito substitutivo, acrescentando que a contraposição do significante se faz em uma relação de co-presença, como se ambos significantes estivessem igualmente atualizados, quando, na verdade, ocorre uma operação de substituição, isto é, os dois significantes não surgem simultaneamente, não são co-presentes. Lacan afirma que a centelha criadora da metáfora não surge da atualização de dois significantes, mas entre dois significantes dos quais um substituiu o outro tomando seu lugar na cadeia. O significante substituído permanece presente por sua conexão metonímica com o resto da cadeia.

A escola surrealista reduziu a metáfora a um contraste entre duas imagens, como se a metáfora implicasse uma comparação entre imagens, nas quais, através do contraste, fosse criado o efeito de sentido. Baseando-se essencialmente em imagens, essa consideração não leva em conta a operação real que faz emergir de um só significante, e não da co-presença dos dois, um efeito de sentido. Os diferentes enfoques na metáfora, o surrealista e o lacaniano, tomam distintos pontos de referência. Os surrealistas pensam em uma co-presença baseada em uma comparação, porque consideram um denominador comum de significado; essa posição não dista da Retórica Clássica que vê na comparação a base da metáfora. Tendo-se um denominador semântico comum parece que os dois termos estão presentes, o que faz perder de vista a estrutura da operação que possibilita esse jogo semântico. Existe eqüivalência de significado, mas a chave da operação é a base significante de tal equivalência.

A metáfora de Ferreira Gullar, "túneis das noites", caracteriza a passagem por algo escuro e subterrâneo. Todo o efeito poético da metáfora está nessa substituição, sem ela estaria perdido o·efeito de novidade que reside em que o código não prevê a substituição de "passagem" por "túneis", fazendo com que a imprevisibilidade gerasse um significado poético. Se fosse dito apenas "túneis", não haveria metáfora, mas "das noites" traz consigo, metonimicamente, o outro significante, ou seja, "passagem", que contendo-se em "túneis" permanece presente-ausente com relação à "noite". Portanto, é graças a uma união metonímica que surge o efeito metafórico. A cadeia significante, na medida em que possibilita o deslizamento do significado sob o significante, torna possível a metáfora, por isso diz-se que a metonímia é uma pré-condição metafórica, o que se relaciona com a teoria freudiana: os processos de deslocamento e condensação estão ligados.

Assim Lacan formaliza a metáfora:

$$f\left(\frac{S'}{s}\right) \cong S\ (+)\ s.$$

Esta fórmula estabelece a relação de substituição dos significantes na função metafórica como congruente com a transposição da barra que separa significante e significado. O sinal $+$ que aparece no meio do parêntese, no extremo direito da fórmula, simboliza a transposição da barra, e o que caracteriza a metáfora é, exatamente, a congruência com a transposição. A diferença entre o significante prima (S') e o significante da barra ($\frac{-}{s}$) está em que o significante prima é o termo patente e manifesto, produto da metáfora, e o significante na barra é o termo substituído. Na metáfora de Gullar, tomada como exemplo, "túneis" seria o significante prima, enquanto "passagem" seria o significante na barra, o que assume o lugar do significado. O significante prima é o que realmente aparece e o significante na barra é o que, embora presente, não aparece. O franqueamento da barra tem um valor constituinte na emergência da significação, e sem ele esta não ocorreria.

Mas o significante não pode operar senão sendo e estando presente no sujeito. O sujeito se torna significado através do encadeamento dos significantes, seja porque através da concatenação dos significantes fica no lugar determinado do significado, seja porque não é ele o agente do processo de significação, pois encontra-se apenas na dimensão determinada pelos significantes encadeados.

Estas colocações partem da pré-condição absoluta de que não há nenhum significado fixamente ligado a um significante, pois o significado desliza através da contextualidade dos elementos significantes. O que se torna significado determinado através do encadeamento de significante pode ser ilustrado com o que ocorre no discurso efetivo do paciente ou de alguém que cometa um ato falho. Há o discurso intencional, aquele que o sujeito quer dizer, mas, mobilizando a bateria do significante para compor sua mensagem, o sujeito provoca, a sua revelia, uma alteração. No caso do lapso, ao produzir-se a alteração na ordem dos significantes, emerge um outro discurso, ou uma outra mensagem, que nomeia o sujeito em uma relação de exterioridade, porque o localiza além de si mesmo. Quando o sujeito diz algo distinto do que queria dizer, é porque o discurso o está organizando e não ele ao discurso. O discurso o determina e o nomeia colocando-o em uma posição que não esperava ocupar: a de significado de um significante que o nomeia exteriormente (v. SIGNIFICAN-TE, Estrutura formal do).

Ainda que o homem não corresponda ou se adeqüe ao que realmente é (v. SUJEITO, Noção de), apesar disso, é. Sou o que sou, mas no próprio momento do enunciado há uma relação de contigüidade metonímica. Inversamente, se eu não sou o que sou, existe, nesse momento, um deslizamento que marca a presença mesma desse ato como distinta do conteúdo posto em jogo, isto é, quando digo "sou o que sou", entre um "sou" e outro há uma distância de contigüidade. O próprio desejo, para Lacan, aparece localizado, demarcado, em função de uma metáfora: a metáfora paterna, a que é posta em jogo na substituição do Nome-do-Pai pelo significante fálico. O desejo se constitui tendo por base esta estruturação substitutiva representada pela metáfora do pai através da situação edípica. Vale dizer que o sistema normativo edípico é que vai estruturar o desejo através da metáfora paterna, enquanto a estruturação metonímica do desejo consiste na remissão à falta ou ao objeto perdido. Portanto, a localização do sujeito vai ficar comprometida com esses dois processos que se desenvolvem em uma outra cena, na convenção significante que estrutura o inconsciente. Essa outra cena é que determina o sujeito sem que ele possa situar-se nela de forma absoluta e convergente. Daí a máxima lacaniana "penso que sou ali onde não penso pensar", que remete ao deslizamento do sentido sob a concatenação de elementos formais.

METONÍMIA — A metonímia não consiste simplesmente em tomar a parte pelo todo, no sentido empírico dos termos, mas é, antes, uma conexão entre significantes. Para demonstrar isso, Lacan toma o tradicional exemplo de "trinta velas" por "trinta barcos", exemplo existente desde Quintiliano, destacando que este exemplo é mais expressivo pelo que propõe de enigmático do que pelas explicações que dá. A expressão "trinta velas" pretende, estilisticamente, nomear uma coisa e, se fosse interpretada descritivamente, revelar-se-ia totalmente inadequada, pois um barco não tem só uma vela, logo, o recurso não está fundado em uma analogia real mas em um deslizamento do significante.

O recurso metonímico é construído na conexão sintagmática que só se pode dar em uma língua, lugar de onde pode operar um efeito de significação. A construção metonímica, assim como a construção metafórica, não está nas coisas, mas na construção estilística que fazemos através de uma determinada formação de linguagem que organiza sistemas lingüísticos.

Lacan define a metonímia com a expressão "palavra à palavra", o que alude à relação de continuidade. Entre "barco" e "vela" ocorre um deslizamento que possibilita ao termo "vela" aparecer carregando o significante deslocado, e isso supõe a existência de uma relação de contigüidade: através do significante, em sua relação de contigüidade, é produzido um efeito de sentido (v. SENTIDO, Efeito de). A concatenação de significante possibilita o significado, o significado metonímico nunca poderia estar além da concatenação, pois esta não poderia expressar algo além dela.

A metonímia, um significante que desaparece maciçamente, parece ser o recurso mais apto para despistar a censura, na medida em que o significante desaparecido traça, em negativo, o lugar em que se circunscreve a censura social. A metonímia, como uma arte de enganar a censura, no seu efeito de deslizamento em que algo se prende a uma concatenação de significante e se desloca no deslocamento de uma falta, apresenta a estrutura do desejo: o desejo é a metonímia de uma falta. O objeto perdido insiste através dos avatares que, como contingência do objeto, o deslizam em um encadeamento significante. Pode-se dizer que o desejo é, constantemente, o deslizamento metonímico que vai constituindo a verdade nos interstícios do deslocamento de um significante a outro num ludíbrio à censura.

No verso "Sua meda não era avara nem rancorosa" (v. METÁFORA), entre "Boz" (termo substituído) e "não era avara nem rancorosa", há um hiato de relação, algo que se metonimiza, uma falta que se desliza como se mascarasse a estrutura do desejo ludibriando a censura. A verdade do desejo não tem um conteúdo, está na própria forma do deslizamento que engana a censura. Ao mesmo tempo em que a falta desliza, algo insiste como verdadeiro enquanto desejo e se articula como tal.

A metonímia seria feita de uma impossibilidade inicial geradora de uma certa nostalgia do desejo que busca o encontro impossível com o objeto perdido, sendo que ele não é um objeto mas uma ausência (v. DESEJO). Essa busca se processa na contigüidade e o desejo recebe nas digressões metonímicas sua estrutura. Enganada a censura, a verdade insiste, é o que faz possível instituir o desejo na metonímia da falta. Mas a verdade se faz ouvir à margem da censura, e independentemente do fato de que o sujeito fale de algo fazendo com que seja ouvida outra coisa, ela produz um efeito. Tal efeito é produzido através da articulação metonímica que é, justamente, o desejo, aquilo que condiciona a metonímia a despistar a censura. Fica ratificada, assim, a afirmação de que o desejo não é um conteúdo, mas uma articulação ligada a uma ordem de significante.

O desejo não é satisfeito, porque há uma grande discrepância entre a satisfação da necessidade e o cumprimento do desejo. A ordem da satisfação da necessidade é incongruente com a manutenção ou destruição do desejo no sentido freudiano. Donde, dizer Lacan que o desejo propõe um enigma a qualquer Filosofia da Natureza, na medida em que, desde um ponto de vista biológico, a não satisfação da necessidade implica que o organismo sucumba, enquanto a Psicanálise apresenta um desejo que se cumpre por um caminho tão heterogêneo com relação à necessidade que se torna insistente e indestrutível. Isso, é claro, não satisfaz o ponto de vista naturalista porque, biologicamente, é incongruente (v. DESEJO).

Lacan formaliza assim a metonímia:

$$f\ (S\ldots S')\ S \cong S\ (\text{-})s$$

Este é um cálculo de função em que se deve reconhecer um operador principal e um operador subordinado. O operador principal é o símbolo de congruência ($\cong$) que está no meio da fórmula e que é o ponto nevrálgico da formulação: quer dizer que o que está à esquerda desse símbolo se mostra congruente com o que está à direita. À esquerda está o f (função) e entre parênteses especifica-se essa função através do esse maiúsculo prima (esse maiúsculo é a convenção representativa do significante) e das reticências, estas representando o deslizamento de um significante na continuidade em outro significante. É esse deslizamento o que caracteriza a metonímia, por isso diz a fórmula que a função metonímica do significante (à esquerda do sinal de congruência) é congruente com S(-)s. Esse aparente signo de negação que está entre parênteses é a barra, o parêntese marca a sua conservação, donde a leitura da fórmula ser a seguinte: a função metonímica do significante é congruente com a conservação da barra que separa o significante do significado, vale dizer, a metonímia é congruente com a manutenção de uma completa separação entre significante e significado. A função metonímica, por coextensividade, se faz equivalente à conservação da barra, porque o significante eliminado se desliza em outro significante que produz o efeito de significado.

Tomemos como exemplo os versos de Oswald de Andrade "A Inconfidência/No Brasil do ouro", em que o significante "minas" foi totalmente eliminado pelo deslizamento em "do ouro" que passou a representá-lo de forma não manifesta, porque de modo algum marca diretamente a conexão. Enquanto na metáfora existe uma substituição explícita e marcada de um significante por outro, sem a qual não haveria efeito metafórico, vale dizer, no significante manifesto emerge o significante substituído, na metonímia não há nenhuma relação marcada entre o significante patente e o que se deslizou nele, a descoberta precisa ser feita através de uma análise. Um significante desliza em outro de tal maneira que fica envolvido no lugar de seu significado. O significado é a posição de um significante em relação a outro. O significante eliminado deslizou no lugar do significado do outro: "do ouro" representa "minas" sem que "do ouro" realmente represente "minas".

Quando um significante se desliza sob outro significante passa a localizar-se no lugar do significado de outro significante, embora mantendo-se totalmente separado. O significante em lugar do significado mantém-se separado do significante que o representa, não há, portanto, substituição. Buscando o significante deslizado, encontramos a operação metonímica que consistiu em fazer desaparecer um significante. O efeito metonímico se produz porque a barra se mantém, algo é elidido e a metonímia consiste nessa elisão do que está abaixo da barra.

O lado esquerdo da fórmula só terá sentido se for percebida a função dos significantes, que estão em relação uns com os outros, e o efeito do significado que produz os lugares correspondentes. A identificação do S maiúsculo com um significado que não tivesse passado por um significante não é válida, porque nega o deslizamento de um significante em outro em congruência com a manutenção da barra, o que ocorre na Retórica Clássica.

A fórmula da metonímia, assim como a fórmula da metáfora, não descreve uma operação, apenas a formula. Tais fórmulas não têm, portanto, um sentido descritivo; elas funcionam, essencialmente, como processo de formalização.

A metonímia está intimamente relacionada com a noção de descentramento do sujeito (v. SUJEITO, Noção de). Sendo que, embora eu seja, de maneira alguma correspondo àquilo que efetivamente sou, e não obstante, sou, há nos dois casos uma divergência entre o ato em si e o conteúdo em jogo formulado por meio do recurso metonímico e do recurso metafórico. No primeiro caso, no recobrimento, há sempre uma distância que marca o desenvolvimento metonímico da contigüidade, enquanto a metáfora seria substituição.

"Sou o que sou", no mesmo momento em que faço esse enunciado (v. ENUNCIADO E ENUNCIAÇÃO) ocorre um deslizamento que marca na presença deste ato uma diferença com o conteúdo acionado, isto é, a coisa está sendo pensada em termos de contigüidade e concatenação. A distância que existe entre um "sou" e outro, no enunciado, é uma distância metonímica.

A metonímia está ligada a uma carência de ser (v. DESEJO). O desejo aparece localizado em função da metáfora paterna; o desejo se constitui tendo por base uma estruturação substitutiva que é uma remissão à falta, ao objeto perdido.

NECESSIDADE E DEMANDA — Enquanto a necessidade tem características fisiológicas (necessidade de água, necessidade de ar), a demanda se dá ao nível do simbólico, objetivando outra forma pura, podendo ser uma cobertura para a demanda, não apenas no sentido de disfarce da demanda por parte do sujeito, mas no sentido de impedir no outro o reconhecimento da solicitação fundamental oculta atrás da necessidade.

A demanda se dá na relação analista/analisado, através de evocações que pretendem encobrir a intenção sedutora. O discurso do analisado o que quer é o analista, é por ele que deseja ser reconhecido. Este desejo de reconhecimento, sob a forma de demanda, se dá no discurso concreto. O analista se autoriza. Alguém espera a sua palavra. Alguém o demanda em sua palavra nesse "prazer de boca" que se liga a "boca de mãe", paródia de todas as aberturas e de todas as cavidades, evocação narcisística do único obstrutor: o falo.

Da boca, parte do corpo, algo se desprende, se desarticula, se torna resto. Desprendidas de quem fala, as palavras são o objeto. O analista não é um quem, não é um alguém: o analista não é, apenas ocupa, como sujeito, o hipotético suposto-saber, no lugar onde a sexualidade se arma. Desse lugar *se* espera, porque também o analista espera a palavra. Não é um recurso técnico, não é algo que se ensina nem algo que emerge na fala psicanalítica. Dizer que o inconsciente está estruturado como uma linguagem aponta para a demanda, enquanto estruturadora da emergência do desejo e sua insistência, mas o inconsciente consiste em marcas, em letras. Diferenciar este estatuto "dual" é uma tarefa que suporta o analista enquanto fala.

ORDEM SIMBÓLICA — Ordem ou registro (Lacan usa indiferentemente os dois termos) determinante para o sujeito. A ordem simbólica não se dá de forma isolada mas em conjunção com o que Lacan caracteriza como registro imaginário e registro do real. Na estrutura analítica, entendendo-se estrutura no sentido mais amplo do termo, intervêm esses três registros, o simbólico, o imaginário e o real, sendo dos três o registro simbólico o que opera como determinante. O registro imaginário caracteriza a fascinação ou a captação especular no plano consciente. O registro do real fica estruturado em um mecanismo simbólico, nomeia a função do real através de uma demarcação do real no campo analítico. A constituição do real é uma resultante da articulação da situação edípica e não do mundo das coisas.

A função do real é organizada através da estrutura simbólica. Há uma realidade estruturada que tem sua culminação quanto à sua própria constituição através da situação edípica. No campo analítico, coloca-se a questão da constituição do real e da sua função, mas há um mecanismo que deixa o real excluído do mecanismo simbólico, que é a forclusão psicótica, caso em que a simbolização do real é impossível. Nem por isso, porém, o real perde a eficácia perante o simbólico, ele é eficaz por ausência.

Lacan insiste muito sobre a confrontação do pensamento freudiano com o pensamento pré-socrático. Tendo por base o princípio real do *logos,* da linguagem, Freud repensa as antinomias de Empédocles nas quais aparece uma contraposição de amor e ódio como as grandes tendências ou movimentos cósmicos pelos quais tudo se liga e se prepara em um movimento alternativo que faz, primeiramente, a unificação do todo no amor, isto é, ar, água, fogo e terra, como os quatro elementos fundamentais, se unificam em uma totalidade harmônica; e depois, no momento do ódio, os elementos se separam, a água fica com a água, o fogo com o fogo, o ar com o ar, a terra com a terra. Os dois movimentos são complementários como duas grandes tendências cósmicas. Freud reformula essas antinomias através das duas grandes pulsões (v. PULSÃO), a pulsão da vida e a pulsão da morte, Eros e Tânatos, movimentos que estão ligados à totalidade dos elementos que estruturam o mundo simbólico em função do qual é possível localizar o sujeito. O sujeito é localizado em uma outra cena que, diz Lacan, é um *Deus ex machina,* isto é, um lugar que está revelando desde fora o funcionamento do aparelho. Desta forma ele indica metaforicamente a heterogeneidade radical desse outro lugar que determina as combinações em função das quais se faz possível entender a determinação do sujeito. O recurso a esse outro lugar é o recurso a um ordenamento simbólico que passa pelo caminho do reconhecimento do espaço da palavra. Isso responde à pergunta sobre quais são as condições para que efetivamente uma terapia possa funcionar através da palavra. O que a palavra resolve é solidário ou coextensivo à sua pró-

102

pria estrutura, ela é eficaz porque atinge uma estrutura que é tão lingüística quanto ela.

A outra cena é o lugar dessa combinatória significante que caracteriza e estrutura o inconsciente no sentido freudiano da palavra (v. INCONSCIENTE, Tópica do). Está assim assinalado o lugar a que chega Freud com a noção de Édipo como um grande mito: um sistema simbólico que determina a posição do sujeito.

É às mesmas necessidades que o mito responde, que responde, também, a imperiosa proliferação de criações simbólicas particulares onde se motivam, até em seus detalhes, as conjunções do neurótico. E numa estruturação e numa necessariedade como a que se tem no mito que se faz possível explicar a estruturação do presente, por exemplo, nas teorias sexuais da criança. Isso nos remete a uma determinada dimensão simbólica que é exatamente a que permite esclarecer a noção de inconsciente estruturado como uma linguagem, ou seja, como o discurso do Outro (v. OUTRO). O discurso do Outro é o discurso resultante da combinatória que está além da regulação do sujeito. Através da ordem simbólica, o sujeito existe e enfrenta sua localização diante de duas questões fundamentais: primeiro, a da sexualidade, segundo, a de seu *status,* porque nada é definido *a priori,* sua existência não é reduzível à fatualidade biológica e o sujeito tem que localizar-se em *status* não equivalente ao *status* biológico.

Essas duas grandes questões, o que sou, no sentido de masculino ou feminino, e qual minha modalidade de ser, não são questões que o sujeito levanta a si mesmo e sim são questões que lhe vêm de fora, desde a ordem simbólica em que está inscrito. Freud procura encontrar o modelo que permita pensar a peculiar realidade desse *status* tão singular de algo que em cada lar modifica e subverte o biológico; é o descobrimento da instituição familiar como uma subversão da natureza.

Hans, exemplo usado por Lacan, no drama do trânsito desde a especularidade (a união dual com a mãe) até o registro triádico, se coloca justamente as questões fundamentais quanto a seu sexo e sua existência. É em torno dessas questões fundamentais que surge o auxílio

103

da estruturação simbólica mítica, pois antes do sujeito nascer já estava estruturado um universo simbólico parental que o esperava, suporte para possibilitar ao sujeito a localização quanto a essas duas questões fundamentais.

Voltando ao caso de Hans, ele não encontra o sistema no qual possa localizar-se. A primeira condição para que Hans seja um neurótico, e não um psicótico, é não ter ficado absorvido na função de não ser mais que o objeto do desejo da mãe. A neurose é uma questão desde um além que o sujeito não pode controlar, é uma questão imposta ao sujeito pela ordem simbólica, não é uma entidade gnosiológica mas uma determinação histórica.

OUTRO — Escrito com maiúscula, alude a um lugar e não a uma entidade. Diz-se lugar para significar uma ordem de elementos significantes que são os que articulam o inconsciente e marcam a determinação simbólica do sujeito (v. ORDEM SIMBÓLICA).

O discurso do Outro é o sistema de convenções significantes que compõe a mítica do inconsciente e que marca o indivíduo prefigurando sua localização desde o nascimento. É um sistema parental e simbólico que determina a posição do sujeito.

Lugar de convenção significante, o Outro está mais além, em uma relação de "exterioridade" com relação ao sujeito. É a ordem da letra como alteridade absoluta (v. INSTÂNCIA DA LETRA). Representa-se por A de *autre,* em francês. Refere-se ao Outro no sentido de ordem simbólica, lugar do significante. O Outro (A) é a outra localidade psíquica, ou seja, a ordem inconsciente. O outro (a), com minúscula, refere-se ao semelhante, ao próximo, no sentido daquele que temos frente a nós, aquele que fica na fascinação especular, primordialmente, a Mãe. O outro determina a relação especular do imaginário.

PROCESSOS METAFÓRICO E METONÍMICO —
Lacan defende a tese da polifonia do discurso, isto é,
que a concatenação do significante não se produz apenas
sintagmaticamente mas também sistematicamente. Con-
trapondo-se à linearidade do significante saussuriano,
o significante lacaniano tem harmônicos verticais que,
no aspecto sistemático, entram em jogo no processo
discursivo. Jakobson propôs, como diretrizes semân-
ticas, dois eixos fundamentais da produção do significado caracterizados como o processo metonímico e o
processo metafórico. É importante determinar o enfoque lacaniano a esta postulação para que se estabeleça
de que forma a metáfora e a metonímia chegam a
caracterizar as duas leis fundamentais do inconsciente.

O primeiro enfoque de Lacan tem como ponto de referência a linguagem poética, para com ela mostrar as ressonâncias do significante e destacar que nesta linguagem — linguagem artística — não se tem uma remissão a entidades empíricas, mas uma produção de significados a partir dos significantes. O segundo enfoque procura averiguar de que forma deslocamentos e condensações — processos freudianos — são interpretados como metonímia e metáfora.

Lacan mostra o efeito da co-presença dos elementos da cadeia significante horizontal e das atinências verticais no significado, cadeia que se parte segundo as duas estruturas fundamentais: a estrutura metafórica e a estrutura metonímica. A partir destas duas articulações se produzem, em lugar do significado, efeitos. Com isso Lacan quer dizer que não há significado prévio, há apenas um significado resultante. As estruturas metafórica e metonímica não expressam um significado, pois o que importa ver, no campo analítico, é o efeito que resulta dessas operações. Não há uma relação expressiva, mas uma relação produtiva desde as articulações formais até o significado. Nisso consiste a primazia do significante: sua incidência sobre o significado.

O funcionamento da linguagem põe em jogo os dois processos: um sintagmático, como encadeamento metonímico, e um processo sistemático-associativo, como processo metafórico. O funcionamento da língua em toda criação ou produção de sentido se faz a partir dessas duas vertentes que não aconteceriam se não fosse a mecânica dos significantes.

Tanto no processo metafórico quanto no processo metonímico temos um significante que não é dado, mas o modo de não ser dado, em um processo e noutro, é distinto. Enquanto no processo metafórico aparece presente-ausente, no processo metonímico está totalmente ausente, deslizado por contigüidade em um outro significante, este sim, efetivamente presente. Donde, dizer Lacan que a primeira fórmula, generalizada, de metáfora seria "uma palavra por outra", aludindo à substituição, enquanto a de metonímia seria "palavra à palavra", caracterizando dessa forma uma relação de contigüidade.

Como a verdade, para Lacan, só é evocada na sua dimensão de álibi, todo realismo na criação é metonímico, assim como só temos acesso ao sentido no efeito substitutivo da metáfora. O descritivismo de um romance de Balzac ou Thomas Mann, por exemplo, só é o real por álibi, pois o descritivismo é um recurso metonímico. Quando, em lugar da descrição minuciosa, diz-se algo de forma condensada e nomeada indiretamente, está-se caracterizando metaforicamente a situação. Uma distinção entre ficção e poesia, em termos de preponderância, poderia ser feita a partir do predomínio metafórico ou metonímico. Na poesia prepondera a metáfora, enquanto na ficção, pelo descritivismo, prepondera a metonímia. No cinema é possível, também, observar o predomínio de um dos dois processos: prepondera o efeito metafórico nas cenas de superposição de imagens de um Fellini, enquanto a dimensão é essencialmente metonímica nos filmes de um Truffaut. Também nos discursos científicos existe a preponderância de um processo ou de outro: toda a teoria dos modelos opera sobre uma modelização metafórica, enquanto um discurso husserliano, pelo desenvolvimento descritivo, fenomenológico, é de estruturação metonímica. A questão da verdade em relação à posição do sujeito fica, portanto, sendo imanente ao desenvolvimento da função simbólica.

PULSÃO — O afeto está relacionado à ordem simbólica na medida em que alude a um deslocamento de
quantidade e não é autônomo, porquanto depois de
sua relação com o simbólico é que aparece como manifestação de um movimento funcional. Freud na sua
Metapsicologia assinala claramente que na ordem do
inconsciente não há afeto, essa é uma manifestação que
aparece em outro plano. Isso desemboca na idéia de que
o afetivo não é uma ordem do primitivo concreto, mas
uma ordem de simbolização; sem o ordenamento simbólico não há afeto.

Tomando-se os afetos como o que está em relação
com um deslocamento entre representações, isto é,
entre elementos significantes que aparecem como o
momento manifesto de um deslocamento de magnitude,

é preciso considerar que Freud caracteriza a pulsão como uma força constante que se desloca. Lacan apresenta uma metáfora para isso: é como se o momento do pulsional estivesse no plano do significado e o que se desliza estivesse em relação com o plano do significante.

Tentando-se localizar essa colocação, é indiscutível que Freud considera um pressuposto biológico e uma estruturação essencialmente psíquica. Com o conceito de pulsão é como se estivesse considerando a transformação do aspecto puramente biológico em uma estruturação psíquica. A ambigüidade e a dificuldade de Freud está em mostrar essa transgressão da ordem biológica sem que isso implique um desconhecimento do pressuposto biológico. Não há recaída espiritualista, já que, o que especifica é, exatamente, a materialidade de uma organização funcional que modifica uma estrutura puramente biológica, havendo aí uma série de funções somáticas em cena que estão reestruturadas em função de outro circuito.

Quando se pergunta como está articulado este outro circuito, vê-se que é posto em jogo um movimento funcional, através de certos elementos biológicos, porque a organização libidinal do corpo se faz graças a um circuito simbólico.

Lévi-Strauss alude a um ordenamento das funções corporais pelos mitos. Segundo ele, a corporeidade do sujeito estaria estruturada pela organização mítica e não seria apenas pensável pelo ponto de vista da função somática descritiva ou anatomicamente vista. Através do mito que permite pensá-la além do que ela representa, existe uma eficácia em sua estruturação corporal; coextensivamente, se a intervenção falada pode ter eficácia é porque a função corporal nesse circuito simbólico está organizada em função do mito. No campo médico há um termo que se utiliza com respeito às paralisias que não seguem conexões fisiológicas, há uma diagnose que consiste em assinalar o que, desde o ponto de vista freudiano, seria uma paralisia histérica. Esta última aparece diagnosticada em forma negativa, ela "não segue os circuitos das conexões nervosas", maneira de dizer que segue outro cir-

112

cuito, retratamento em negativo do circuito da estruturação simbólica.

Portanto, a noção de pulsão está organizada segundo uma transformação dos pressupostos biológicos, graças a um ordenamento simbólico. É através do ordenamento simbólico que ocorre a inscrição em outro circuito que determina, expressa e cria funções à consciência ou ao corpo, cena através da qual se pode expressar metaforicamente. Isso rompe com a noção de mente-corpo como uma espécie de dicotomia pensável de forma estratificada e rompe com a idéia de um dentro e um fora no sentido tradicional da expressão. Há uma outra estruturação espacial e, conseqüentemente, corporal. Relacione-se isso com a estruturação narcisista do sujeito dado em um esquema especular ou imaginário, segundo os conceitos lacanianos.

REAL, O — Juntamente com o Imaginário (v. IMA-
GINÁRIO) e o Simbólico (v. SIMBÓLICO, Ordem
do), constitui um dos registros mediante os quais
Lacan explicita o campo da Psicanálise e a antropogênese da espécie humana. O Real aparece como um
corte na estrutura do Sujeito. Este corte, operado pelo
entrecruzamento dos outros dois registros, aparece nos
esquemas lacanianos como uma linha de correspon-
dências entre o a' da estruturação do *Moi* e o *petit a*
configurador do objeto-Mãe-significante primordial do
desejo, emergência do Id freudiano. A torção dessa
linha é representada pela Banda de Moebius, caracterizando nela o passo "imóvel" de externo a interno,
eliminando assim para uma topologia do sujeito a mera
realidade externa composta por coisas extensas. O real

equivale à pulsão de Freud e, como tal, é o que não tem pertinência no discurso psicanalítico. O real opera como causa e persegue constantemente o sujeito que se encontra protegido pela cena invariável que é o *fantasma* (imbricação dos dois registros). Quando esta tela fracassa, quando não oferece o controle da mediação entre as relações que o sujeito do Inconsciente tem com o objeto de seu desejo, o real aparece no vivido do sujeito em todas essas modalidades bizarras em que parece que a "realidade" não está presente: alucinação, fenômeno do outro, ato incontrolado, etc.

O Real é o absolutamente heterogêneo e sua relação com o objeto e a falta aparece mediado pela ordem significante segundo a articulação do Falo que, como representante primordial, participa eminentemente do Real.

O Real não é objeto de definição, mas de evocação. Aparece no discurso enquanto comanda o desconhecimento. Sempre "fora do jogo" no ato psicanalítico, "fora do jogo" especular do imaginário, o real tem a ver com a falta-a-ser, com a ruptura fundamental, com a operação significante e o desejo. O real escapa à simbolização e se situa à margem da linguagem. O primeiro efeito do real, também inacessível, é o objeto do desejo como lugar de uma falta impossível de ser preenchida, produzida como resto, como desperdício, como algo "caído" que seduz e engendra a busca. O Real é, portanto, o informe, o que sempre aparece construído precariamente, falsamente: é impossível. O Real, diz Lacan, é sempre sem fendas... e não há meio de apreendê-lo a não ser por intermédio do simbólico.

REMEMORAÇÃO E REMINISCÊNCIA — Lacan introduz a problemática da rememoração e da reminiscência, diferença muito importante e que está destinada a mostrar o diferente matiz que tem a simples evocação da reconstituição do passado, da reconstrução da história do sujeito. A técnica freudiana implica reconstrução ou restituição do passado do sujeito; trata-se de recuperar o passado reprimido que está organizado em função de um sistema simbólico. Mas essa restituição ou reconstrução do passado se diferencia de toda atualidade, não é como se se tratasse de recuperar os fatos anedoticamente, mas aquilo que ficou inscrito no sistema simbólico e que conta eficazmente para o sujeito. Não é, portanto, uma dimensão fatual, já que implica uma ordem de inscrição, porque há algo organizado em uma ordem simbólica. Lacan utiliza uma formulação muito ilustrativa: não interessa saber se o "Homem dos Lobos" realmente viu o que disse ter visto, interessa que isso tenha tido uma data precisa, quer dizer, uma inscrição em um lugar simbólico quanto à estruturação da história do sujeito. Esse momento da data é que caracteriza para Lacan a estruturação simbólica da história em oposição ao fatual. É a essa dimensão que alude Lacan com o termo rememoração: recuperar um elemento que estava perdido em seu encadeamento na história simbólica do sujeito. No caso da reminiscência haveria a simples evocação imaginária, atualização de um acontecimento que pode surgir, incluindo, como encobridora de um elemento que ficou excluído. A reminiscência se localiza em um plano imaginário; a rememoração no plano simbólico.

Em Platão, todo conhecimento supõe um reconhecimento, mas toda a abrangência dessa afirmação está em que o reconhecimento não podia ser conseguido por uma dimensão meramente sensorial, isto é, não basta o ver sensível para que se possa reconhecer aquilo que define algo como o que é. A partir desse enfoque, Platão desemboca no seguinte: se se pode conhecer as coisas como são, é porque não somente se tem a atualidade perceptual da coisa, mas porque certas idéias são evocadas, certas essências inscritas na mente que permitem reconhecer algo. Lacan volta a isso de forma matizada, isto é, por um lado, encontra o limite e, por outro, recupera o problema. Platão, através do mito da caverna, postula que, em uma existência prévia, a alma havia contemplado diretamente as idéias e logo havia caído no mundo sensível e nessa caída havia perdido a presentificação das essências. Tomando-se o enfoque freudiano, pode-se dizer que, na distinção entre a simples evocação e a reconstituição do passado como história simbólica, aparece a problemática platônica.

Todo esse processo de rememoração se liga com a noção freudiana de repetição porque, evidentemente, este movimento, que passa dessa estrutura simbólica para a recuperação dos elementos que estão reprimidos nessa história, tem ligação medular com o sentido de repetição que Freud postula como estruturação fundamental do mecanismo do sintoma. O que insiste e retorna através da história do sujeito é a dimensão de acesso ao objeto. O objeto não é nunca algo que o sujeito enfrente como tendo diante de si, mas é uma falta que retorna e se repete através das transformações do objeto.

REPETIÇÃO — É preciso estabelecer uma diferença entre a noção trivial de repetição, pensada tendo por base a identidade, e a noção de repetição, pensada sobre a base da diferença. Pode-se pensar que uma coisa se repete ou permanece idêntica porque mantém-se uma constância que estaria ligada a uma dimensão da história do sujeito como linearidade contínua, algo que foi e segue sendo, mantendo a mesma identidade. Lacan propõe uma noção quase inversa a esta: pode-se dizer que algo se repete a partir de um presente, retroativamente, em direção ao passado. É o presente que faz com que algo possa ser repetido na atualidade; formulando de outra maneira, é através do presente que algo pode ser repetido. Algo que tivesse uma fisionomia inalteravelmente idêntica desde o passado seria um contínuo, não uma repetição, pois para que algo se repita é preciso haver uma diferença, sem as diferenças não é possível destacar o caráter repetitivo de um determinado elemento. A diferença implica uma temporalidade, mas uma temporalidade retroativa, e isso quer dizer que é desde uma síntese no presente que se dimensiona o passado. Esse é o modelo que segue Lacan para caracterizar a estrutura da repetição propriamente freudiana.

Lévi-Strauss tem esta noção fundamental diante da análise clássica do mito, na qual se procurava encontrar a formulação originária das diversas versões do mito, que não seriam senão alterações da formação original. Toda a análise do mito ficava dependendo deste trabalho dificultoso e mesmo inalcançável. Lévi-Strauss coloca uma perspectiva totalmente distinta, que consiste em tomar todas as versões conhecidas em que o mito funciona e encontrar, através delas, os elementos constantes que se reiteram nas diversas versões; essa seria a estrutura do mito. Se em diversas versões encontramos a constância de certos elementos simbólicos, e esses elementos simbólicos se destacam somente no contraste da variação, então a análise mítica esclarece a função dos elementos que se repetem. Pode-se, portanto, dizer que a noção de repetição que Lacan analisa está vinculada a um sistema simbólico como um sistema mítico. Não se pode esclarecer uma repetição senão no interior de um sistema simbólico, pois não é um acontecimento que se repete, e sim um elemento significante dentro de um sistema. Daí se pode passar à idéia de que na constelação do neurótico há algo semelhante a uma estrutura mítica em que certos elementos retornam ou se repetem através das suas variações. Lacan ilustra esse fato com o caso de Hans. Nas diversas configurações fantasmais de Hans, certos elementos se repetem através de diversas permutações de posição. Dentro da fantasia, no interior de construções simbólicas, há elementos que se repetem e que são variáveis (v. ORDEM SIMBÓLICA).

SENTIDO, Efeito de — O significante nunca funciona como significante como se devesse responder a uma significação preestabelecida. O encadeamento de significantes tem uma produtividade, produz um efeito por si mesmo. O melhor exemplo para isso é o trabalho literário. Costuma-se pensar no escritor como um tradutor de suas próprias idéias, isto é, como tendo uma determinada idéia "literária" passível de ser traduzida em palavras; o escritor faria um esquema para sua criação e o poria em funcionamento. Os esquemas são combinações e funcionam com um elemento material, a palavra. O poeta não pensa uma metáfora das palavras, ele a constrói através da letra, do significante. Na poesia isso é bem mais evidente porque há efeitos de ressonância que vão além, fazendo ressoar analogias e homofonias verbais. Esta é uma ilustração de como se trabalha o significante sobre uma literalidade. Merleau Ponty, referindo-se ao que chamava a linguagem indireta, usa uma metáfora para falar do trabalho do escritor, e diz ser como o trabalho de um tapeceiro que trabalha com os fios do tapete; do lado avesso vai fazendo nós e trabalhando com os fios até que do outro lado do tapete se produza uma imagem que não tem por que ser figurativa, pode ser uma composição não-figurativa, mas que representaria o momento do significado. O escritor, trabalhando com os fios da trama, produz como efeito um significado, e visto assim, o significado perde o seu valor mítico de espírito gasoso que flutua por si mesmo independentemente da letra. Na *Fenomenologia da Percepção,* Merleau Ponty diz que a idéia de um sentido autônomo provém das deficiências da linguagem; quando se produzem falhas na linguagem, aparece uma defasagem entre o significado e o que o significante está operando, mas isso é uma ilusão, não ocorre no funcionamento corrente da linguagem. Neste funcionamento, é como operar com um teclado onde significações são improvisadas, pressagiadas através de uma combinação lingüística em que nos orientamos como se não tivéssemos, previamente, o significado estabelecido. Quando se fala, se improvisa. Através do que se fala, ganha-se a impressão subjetiva de ir precisando uma significação que não se deu de antemão, às vezes se logra o intento, em outras, é preciso buscar outros significantes para conseguir precisar alguma coisa: é uma mão tentando agarrar uma agulha.

No encadeamento que se aciona há um sentido que desliza, mas em nenhum momento pode o falante estabelecer cortes rígidos que estabeleçam biunivocamente um significado para um significante. Aqui entra toda a questão da mensagem que transcende a intenção do autor.

SIGNIFICANTE E AFETO — Tem-se a impressão que os afetos se expressam em uma eleição que pode ser determinada, mas de alguma maneira tem-se a tendência a pensar que a sua função é a busca do significante para ser expressado, e não que é o significante que os produz. Isto é, pensa-se que a direção é do afeto até a busca do significante e o significante pareceria o produto desse afeto que o comociona. Mas Lacan propõe exatamente o contrário, o afeto tem seu ponto de partida no significante, o significante é que produz o movimento e não é o movimento que procura o significante para expressar-se. Lacan postula que não se pode caracterizar um afeto como uma espécie de caos sentimental além de uma determinada estruturação do significante; essa é uma concepção irracionalista que se choca com a postulação freudiana sobre o afeto e a relação com o pulsional. A questão que se levanta atualmente é se a noção de significante que Lacan utiliza e que permite dar conta do representante basta para caracterizar o momento do afeto. Chega-se, então, a Green, que coloca a necessidade de uma noção de significantes do afeto, do corpo, do lactante, isto é, do ato como uma heterogeneidade do significante para dar conta do movimento pulsional. Pode-se colocar duas questões para Green: 1) Como entender a heterogeneidade do significante, o que isso quer exatamente dizer? Qual o significado do afeto em que é ele heterogêneo com respeito a outro significante? 2) Qual a noção de organização do significante do afeto?

A importância da noção de significante é ter tirado a questão freudiana do campo vago do sentimento, por um lado, e da expressão, por outro. Aqui e agora temos uma pauta muito precisa, que é um ordenamento do significante relativamente ao qual está ligado o movimento pulsional e o movimento do *quantum* de afeto, em linguagem freudiana. O que não está claro é como caracterizar essa dimensão, se basta, segundo Lacan, a noção de que o significante está no lugar do significado ou se é necessário e suficiente a noção de uma heterogeneidade do significante, conforme Green, ou se a noção de significante é demasiado estreita para caracterizar isso. Por esse último caminho, chega-se a uma série de aportes da Lingüística que se pode utilizar para tratar a questão, isto é, a diferença entre o momento semiótico pulsional e o momento simbólico da linguagem e do significante. O essencial é detectar a insuficiência da caracterização do afeto como algo independente de uma simbolização primordial, o que já foi postulado por Freud: o afeto não é um movimento que se possa caracterizar independentemente, autônomo com relação a uma estrutura de simbolização primordial; não é um momento que se possa caracterizar como o movimento caótico dos sentimentos. Por outro lado, há uma distinção muito clara em Freud com respeito ao *quantum* do afeto e às relações diferenciais que atuam nesses movimentos, há um ordenamento no campo do afeto.

A postulação que contrapõe afeto e expressão se mostra insuficiente dentro da problemática freudiana. Há uma estruturação do afeto e uma dimensão diferencial e energética que está ligada ao simbólico. A partir de Freud a concepção do afeto é em rede, o afeto é localizado e determinado relativamente a uma ordem de marcas diferenciais, ou seja, sempre há uma relatividade a um representante e uma estruturação com respeito ao que é o representado. Isso é preciso desenvolver: a relação, por um lado, entre o significante como representante representativo e, por outro, a outra estruturação do afeto, mas como uma estruturação. Não é suficiente marcar a heterogeneidade do significante, é preciso marcar a estruturação.

A ordem do afeto implica uma relatividade a um sistema simbólico, e essa é uma postulação essencialmente freudiana, sem que isso acarrete uma redução de todo o ponto de vista econômico. A questão é desenvolver isso, pois falando em significante heterogêneo, significante do corpo, significante do afeto, significante do ato, abriu-se um campo, mas ainda fica tudo por fazer. Há uma estruturação e por isso não há um caos afetivo, e sim uma ordenação do afeto que segue uma determinada legalidade relacionada com a estruturação do significante.

SIGNIFICANTE, Estrutura formal do — O primeiro aspecto quanto à estrutura formal do significante é a propriedade de reduzir-se a elementos diferenciais últimos. Isso é enfatizado na passagem que diz, em "Instância da Letra" que um elemento essencial da palavra está predestinado a se escorregar entre os caracteres móveis que Didot e Garamont, famosos impressores do século XVII, compondo na caixa de imprensa, presentificavam graficamente: a letra, a estrutura localizada do significante. Os caracteres móveis que apareciam na tarefa da impressão mostram a característica localizada da letra como um elemento material que tem seu *topos* numa combinatória.

Na segunda propriedade do significante, a de compor-se segundo as leis de uma ordem fechada (uma

129

codificação), afirma-se a necessidade de um substrato topológico, qual seja, da cadeia significante (v. CADEIA SIGNIFICANTE): elos de um colar que se fecham nos elos de outro colar feito de elos. Enquanto para Saussure o substrato topológico era o signo como unidade de significante e significado, Lacan rompe essa unidade ligando os significantes uns com os outros, mostrando que o substrato é a cadeia em sua vinculação. Considere-se que a vinculação é dupla (substituição e composição), pois a combinatória alude aos dois aspectos, o que é representado metaforicamente pelos elos do colar. Lacan define claramente que a concatenação significante não equivale a uma linearidade do significante, já que o termo "cadeia" se presta a dar uma idéia de relação de contigüidade e não de substituição, quando, de fato, trata-se das duas coisas.

Duas propriedades do significante são essenciais: primeiro, sua materialidade está feita de diferença; segundo, esses elementos diferenciais estão combinados de forma que não há um significante que não esteja em uma articulação sistemática e sintagmática. Em função dessas propriedades é que se pode dizer que são as condições estruturais do significante que permitem a significação. Não se trata de que, para haver um significante, tenha que haver um significado a que o significante tenha que prestar contas, mas trata-se, sim, da ligação de um significante com outro em um sistema diferencial.

A estrutura do significante é, como a estrutura da língua, articulada, quer dizer, está às expensas de um sistema, de um código, sendo que o significante não pode ser considerado a não ser como ponto de intersecção de um sistema de relações diferenciais. Tenha-se presente os elementos fonemáticos que não são considerados por seu conteúdo, senão por uma relação formal de diferença, combinam-se segundo as leis do código, sistema fechado que estipula as condições de possibilidade de uma combinatória. Não interessa a constância fonética na variabilidade combinatória, mas o sistema sincrônico dos pares diferenciais. Os fonemas podem ser pronunciados de diferentes maneiras, mesmo num só discurso, mas não se pode empregar o /p/ por /t/ ou o /p/ por /b/, essa é uma diferença que

130

deve ser mantida apesar das variações modulatórias. O aspecto sincrônico dos pares diferenciais é o que importa para o discernimento dos vocábulos de uma dada língua, porque são justamente essas diferenças que nos levam a reconhecer os diferentes monemas. As diferenças de pronúncia, enquanto mantenham as constantes das diferenças fonéticas, não alteram a comunicação; se a diferença ou a variação da pronúncia levasse ao desconhecimento da diferença fonemática, não haveria compreensão da língua.

SIGNIFICANTE E POSIÇÃO DO SUJEITO — Lacan pergunta através de que canais o significante determina a tópica do sujeito e responde, no desenvolvimento de suas averiguações, que a via de determinação do sujeito é, exatamente, a estrutura do significante, sem comportar nenhuma significação, apenas a estrutura formal e simbólica do significante.

No exemplo das duas crianças no trem (v. SIGNO), mesmo ignorando a significação dos significantes, as crianças não deixavam de estar condicionadas em sua função subjetiva pelo significante. O algoritmo significante sobre significado, enquanto não é em si mesmo senão pura função significante, não pode revelar senão uma estrutura de significante em transferência. Transferência no sentido da incidência do significante sobre o significado, portanto, a acepção freudiana de transferência na sua primeira noção: deslocamento do desejo através de certos significantes. Há um plano eminentemente simbólico na transferência que sustenta a articulação do significante. A transferência não pode ser entendida simplesmente às expensas de um mecanismo projetivo que transcorra no plano puramente imaginário. O conceito de transferência localizado ao nível do significante é um ponto fundamental dessa questão.

A forma pela qual o destino do sujeito fica comprometido através da articulação do significante é ilustrada por Lacan com o fragmento 50 de Heráclito, que termina com a seguinte afirmação: *gen panta,* que, literalmente, quer dizer: uma, todas as coisas. Tomando-se o fragmento em sua totalidade, é possível perceber o alcance que esse aforismo tem para caracterizar a linguagem em sua essencialidade. No fragmento, Heráclito diz, literalmente, "não ouvindo a mim mas ouvindo a linguagem, o sábio é declarar uma todas as coisas". Isto é, não ouvindo a mim, aquele que declara, mas ouvindo aquilo que é a razão do que eu digo — o *logos* — é sábio declarar uma todas as coisas. *Logos* para o grego clássico vem de *legein* que significa pôr conjuntamente, reunir, daí que signifique, antes de qualquer outra coisa, dizer, pois em toda nomeação há um por conjuntamente, tanto no nível material, falando descritivamente, como no nível semântico, onde, através de uma pluralidade de elementos, diz-se algo unitário. Se é utilizado, por exemplo, um motivo de repressão, na filosofia de Humboldt, seria o fato de que possibilita que, através de uma pluralidade de elementos, fosse nomeado um sentido unificado. Diz-se a "cadeira está aqui", e uma unidade de sentido é nomeada através de uma pluralidade de elementos. A idéia é que a linguagem é o que reúne dizendo as coisas, estas, pela linguagem, são unificadas em um *cosmos.* Pode-se, portanto, dizer que a linguagem tem o *gen panta,* o uno, pois todas as coisas se unificam na unidade do *logos* e somente o *logos* (linguagem) mantém as coisas ligadas em sua unidade.

Lacan recorre ao *gen panta* de Heráclito para mostrar a eficácia constitutiva una da linguagem em um

134

cosmos, a totalidade das coisas e, dando ao sujeito sua própria posição, localiza-o além da sua condição de ser o que fala e mostra que algo fala através do sujeito. Dessa forma, é caracterizada toda a eficácia da ordem simbólica inconsciente. Na linguagem se dá uma unificação, porque o mundo se organiza na vinculação e articulação de significantes, produzindo um efeito de sentido que compromete o sujeito. O código opera como esse lugar de unificação que possibilita estabelecer ou produzir qualquer sentido. O código permite a ligação, e a experiência comum dos sujeitos fica unificada através do código lingüístico. Mas, subjaz a isso o sentido de que, além do que o sujeito se propõe a dizer em seu discurso intencional, há algo que se liga, à margem de sua própria deliberação, no contexto associativo, é o que Freud chamou de livre-associação, encadeamento em que se unifica, através do código, toda a constelação discursiva em cena. Dessa articulação simbólica, uma pluralidade de elementos são unificados e organizam um mundo de experiências, vale dizer, em lugar de haver um mundo de dados que logo se formulam, pelo contrário, é em função de certa codificação lingüística, de certos mitos que através da linguagem, se estrutura a experiência. Pode-se dizer que o empirismo, ao defender a idéia de que possa haver uma correspondência perfeita entre a palavra como signo e a coisa, é um desses mitos. Mas o que Lacan procura destacar é que não temos uma remissão direta a algo empírico, e sim o funcionamento de um elemento significante em uma constelação de outros elementos significantes dentro de um código simbólico. Para ilustrar isso, nada mais expressivo que a linguagem poética (v. METÁFORA).

Em "Posição do Inconsciente", Lacan pergunta qual é o sujeito que corresponde à estrutura do inconsciente freudiano e é disso que trata a crítica de Lacan sobre os limites da noção de sujeito como agente no pensamento moderno, crítica que o leva à noção de sujeito fendido e à noção de uma tópica do sujeito que parte da postulação freudiana. Lacan estabelece uma relação entre os conceitos de metonímia e desejo e entre o conceito de metáfora e sintoma, de modo que se ligam as noções freudianas fundamentais, sintoma e desejo, com as estruturas do inconsciente caracterizadas como metonímia e metáfora. Essa postulação geral é uma dupla tese com relação ao inconsciente; por um lado, o vê estruturado como linguagem, por outro, o vê, também, como discurso do outro.

Lacan assinala que na obra freudiana encontra-se, predominantemente, referências filológicas que, em todo contexto da obra, levam a uma captação dialética da experiência analítico-lingüística da linguagem. Ele destaca que toda a obra freudiana faz uma referência constante ao aspecto da linguagem e, a partir dessa perspectiva, aponta para a postulação da experiência analítica como uma dialética, o que é muito importante, tanto no que concerne à dialética interlocutiva, quanto à relação na qual se fundamenta essa interlocução, que é a relação com o lugar da ordem significante, ou seja, o código simbólico que opera com o Outro (v. OUTRO). Desenvolvendo essa colocação, diz que a *Interpretação dos Sonhos* não trata de outra coisa senão do que chamamos letra do discurso em sua textura, em seu emprego, em sua imanência à matéria em causa. Em todo contexto está em jogo uma dimensão de elementos significantes. Consultando-se, como ponto de referência, a secção que se intitula "O Método de Interpretação Onírica" em *Interpretação dos Sonhos,* vê-se, preponderantemente, o papel que Freud confere às redes associativas entendidas como concatenação de elementos significantes, caracterizando, assim, a interpretação analítica dos sonhos como um método próximo ao método de decifração. Por outro lado, Freud enfatiza que essas redes associativas convergem em certos significantes.

SIGNO — O signo saussuriano, representado por significado, barra, significante, não é equivalente ao signo lacaniano, representado por significante, barra, significado. É necessário estabelecer em que consiste a transformação e para o que aponta. A caracterização do signo saussuriano como algoritmo, que é a interpretação de Lacan, já é uma formalização do enunciado de Saussure pela alusão a uma linguagem de cálculo. Para Saussure, significante e significado eram dois aspectos complementários e indissociáveis da unidade do signo. Quando Lacan caracteriza a barra que os separa está dando uma enunciação da autonomia do significante com respeito a todo significado preestabelecido. Ao separar o significante do significado, Lacan destaca o *status* significativo do significante, seu poder de produzir efeitos de significado. Com isso, se por um lado toma a noção de significante como elemento em um sistema de relações, fazendo com que nenhum significante seja visto fora do sistema, por outro lado, rompe com a unidade do signo saussuriano. Neste sentido, pode-se dizer que, enquanto em Saussure o significante está ligado ao significado na unidade do signo e no substrato topológico, em Lacan o lugar do significante é sua relação com outros significantes, de modo que o substrato topológico é a cadeia significante (v. CADEIA SIGNIFICANTE).

A transformação produzida por Lacan está apoiada no campo analítico e aponta, basicamente, a duas direções. Primeiro, caracteriza uma alteridade de discurso fundada na materialidade da letra, materialidade fônica e gráfica; segundo, aponta para um discurso dissociado de sentido, entendendo-se por sentido a intencionalidade consciente do sujeito. A primeira caracterização remete à heterogeneidade da mensagem apoiada na letra, o segundo aspecto aponta para a articulação que, no processo doutrinário, é característica da análise feita por Freud. Na decifração dos sonhos, Freud caracteriza uma segunda mensagem que está às expensas da combinação de elementos. Essa combinação é analisada em sua combinatória e, dessa forma, é desarticulado o sentido global que a imagem pode ter, pois de outra forma não poderiam ser analisados os elementos que nela intervêm.

Afastando-se das interpretações do simbolismo analógico do sonho, Freud observa as formas materiais dos elementos lingüísticos que estão em jogo, em lugar de simplesmente se deixar guiar pelo sentido aparente de certas fórmulas. Há um trabalho de discriminação de elementos em combinatória que tem um caráter de significância próximo a um trabalho de decifração de hieróglifos. Aquilo que parece rompido na unidade significante-significado, ou seja, o significante por si mesmo, é ligado em novos contextos e são os novos contextos que produzem significação.

A visão de uma dimensão criadora acionada através da combinatória de significantes é convergente com a postulação de Foucault. Os significantes concatenados

138

não têm significado preestabelecido ante o qual o significante se comporte como mera expressão. Isto também converge com o pensamento de Foucalt no aspecto em que este caracteriza a fatualidade do discurso em seu suporte material, há nisso sempre uma relação, pois sempre se está diante de significantes relacionados. Quando falamos de significante, falamos formalizadamente de uma função significante que sempre supõe, pelo menos, dois elementos em um jogo de alternância e diferença em que o traço diferencial é o relevante.

As leis que regem a combinatória de significantes são as leis da linguagem: os processos metafóricos e metonímicos (v. PROCESSOS METAFÓRICO E METONÍMICO). Isso se torna claro com as ilustrações feita por Lacan nos processos de deslocamento e condensação. A particularidade é, justamente, a autonomia e a preponderância do elemento material com respeito a sua ligação como o significado. Por outro lado, isso não é outra coisa senão um código, entendendo-se por código uma articulação que segue as linhas sintagmática e sistemática, isto é, a da combinação, no sentido da contextualidade, e a da substituição, no sentido da metáfora. Eis por que Lacan diz ser o inconsciente estruturado como uma linguagem, o inconsciente está articulado segundo as leis lingüísticas, o que não quer dizer que reproduza as articulações da linguagem consciente.

Estabelecido que significante e significado são ordens distintas e separadas por uma barreira resistente à significação, é preciso fazer um estudo das vinculações próprias do significante e da amplitude de sua função na gênese do significado. Uma vez diferenciadas as noções de significante e significado, é preciso investigar quais as vinculações que ligam os significantes entre si. Pode-se manter uma analogia com a Lógica em que, conseguida uma notação e uma formalização, torna-se possível o estudo. Na análise da língua, uma vez destacada a materialidade do significante, pode-se analisar as relações e as leis que presidem as relações na composição lingüística. Tais leis e relações conduzem à visão de preponderância do significante em sua concatenação como produtor do significado. O significante surge, portanto, numa dimensão de materialidade produtiva.

Tradicionalmente, já havia sido reconhecido o caráter arbitrário e imotivado do signo, Lacan, porém, põe em evidência a arbitrariedade constitutiva da língua como sistema. É o que permite a Lacan dizer que não há nenhuma significação que se sustente, a não ser remetendo a outra significação. Lacan leva ao extremo essa observação, quando diz que a língua é um sistema reticular de relações das quais nasce toda possibilidade de limitação de um significado. Pode-se dizer que não cabe colocar a discrepância entre o significável em uma língua e o que essa língua pode significar, posto que o significável dentro de uma língua é precedido pelo esquema ou código dessa língua. É como se cada língua dissesse tudo o que pode dizer, na medida em que seus eixos referenciais marcam as significações possíveis. A questão da natureza da linguagem não é atingida enquanto não nos despojamos da ilusão de que o significante responde à função de representante do significado, visão pela qual o significante só seria significante relativamente a um significado preestabelecido. A ilusão de um significado apriorístico desorienta com relação à questão fundamental, que é a produção de significados a partir da literalidade do significante.

Lacan critica o positivismo lógico que busca o significado do significado, o sentido do sentido, em análises que procuram estabelecer permanentemente uma relação entre o signo e o significado em correspondência biunívoca, na qual o próprio critério de verificação é o que confere significado à fórmula. Em qualquer texto carregado de significação, no momento em que se tentar desintegrar os elementos significantes do contexto no qual estão traçados, perdem estes elementos a significação. Quando se perde de vista a contextualidade em que os significantes funcionam, perde-se de vista o significado. É como se, tentando estabelecer cortes biunívocos na cadeia significante, chegasse à conclusão de que só tem sentido a fórmula algorítmica, isto é, exatamente aquelas que, paradoxalmente, são vazias de sentido.

Quanto a isso, é um ponto essencial a diferença entre o que Lacan chama de ilustração falsa e ilustração aproximativa. A ilustração falsa é a primeira que aparece: a palavra árvore, a barra e a árvore. A árvore em si, como uma realidade do significado, seria a fórmula mais rudimentar da relação biunívoca em que é feita a redução da linguagem a um puro contexto nominal. Se não é afastada essa visão, não se percebe a articulação do significante em seus efeitos de significado e, além disso, a captura que, através dos efeitos de significado, o significante exerce com respeito ao real. Isso é o que propõe a segunda ilustração chamada aproximativa: sobre a barra aparecem dois significantes que são "cavalheiros" e "damas", e sob a barra aparecem duas portas absolutamente idênticas que estariam no lugar do significado. Convém lembrar que, humoristicamente, Lacan fala da segregação urinária que remete a uma ordem em função da qual se estabelece uma concatenação significante, uma oposição cavalheiro/dama.

É essa oposição a nível de significante "cavalheiro/dama" que vai produzir como efeito a distinção no significado que, de outra maneira, seria absolutamente indiferente. No segundo exemplo, as portas são representadas de maneira idêntica, a diferenciação procede de cima, isto é, da articulação significante. É do choque diferencial entre significantes que surgem os efeitos do significado, como prova a concatenação do significante. Não houve apenas a duplicação do nominal pela justaposição de dois termos. Na oposição se produziu a surpresa de uma inesperada precipitação de sentido que consiste na divergência que se produz no lugar do significado. Na intersecção significante produz-se um efeito de significado inatingível, se dissociarmos a relação que liga os significantes entre si.

Isso levanta a questão sobre a realidade *sui generis* que está comprometida na concatenação significante. Pergunta Lacan se, quando um míope está tentando compreender o que dizem as placas esmaltadas que tradicionalmente estão sobre as portas dos banheiros, ele está olhando a placa em si mesma ou o significante que está determinando uma realidade? Que realidade está operando como determinante a placa esmaltada.

realidade fático-empírica, ou será que é o significante que confere a essa placa uma função determinante com relação ao significado que produz, realidade específica produzida pelo caráter eficaz da materialidade do significante? E tudo é capturado em função da legalidade social, a legalidade simbólica que remete a toda a estruturação simbólica do sujeito. Esta concatenação de significante sujeita a uma legalidade é, tanto na sociedade primitiva como na não-primitiva, uma ordem determinante para o sujeito.

É de perguntar-se de onde vem essa segregação urinária, a que se deve atribuí-la e, em lugar de pensar-se em uma diferenciação anatômica, pode-se pensar em todas as conseqüências de uma diferenciação libidinal das funções do sujeito que determinam seus hábitos e costumes. A relação não é natural, a realidade é que a determina. Nada diz que, naturalmente, os seres humanos tenham que dividir-se em um grupo de homens e outro de mulheres para seus hábitos urinários, mas há um código sócio-simbólico que o determina. No exemplo que complementa este, procura o autor caracterizar mais especificamente os efeitos determinantes com relação ao sujeito. No primeiro exemplo, Lacan havia caracterizado o significado em seu sentido global como um efeito do significante; agora procura caracterizar os efeitos específicos com relação ao sujeito.

Duas crianças estão sentadas frente a frente em um compartimento de vagão. O vagão chega a uma estação e pára justamente em frente ao banheiro onde está escrito "Cavalheiros" e "Damas". O menino diz, então, "estamos em Damas" e a menina contesta dizendo "estamos em Cavalheiros". Cada um nomeia o que acaba de ler na estação como se fosse o nome do lugar. O que Lacan procura destacar com o exemplo é que as crianças sentadas frente a frente ficam imediatamente determinadas a partir do significante. Um dirá "estamos em tal parte", outro dirá "estamos em tal outra", a polêmica surge: é uma questão de palavras, uma questão de significantes. Analisando-se graficamente a situação, pode-se dizer que os dois sujeitos estão no vagão, os trilhos que os separam dos dois significantes inscritos no banheiro, estabelecida uma

142

analogia com a fórmula algorítmica, são a barra. Do lado de cá estão os sujeitos, adverte-se imediatamente que os sujeitos ficaram situados do lado do significado, isto é, ficaram determinados pelo significante. Se a posição do sujeito fica condicionada pelo significante, a discórdia e a disputa que surge entre os sujeitos é causada pelo significante, o que transporta o desentendimento de um plano meramente natural para um plano sócio-simbólico. O significante é o plano da guerra ideológica, toda a história da humanidade está traçada pela articulação simbólica significante que produz os efeitos ideológicos quanto à posição do sujeito.

SINTOMA — Freud, através da decifração do código simbólico, procura ver como o corpo, ou uma função, serve de suporte significante como se fosse significante ao nível do corporal. O sintoma tem uma estrutura metafórica, substitui um determinado significante por outro e para decifrar-se isso é preciso romper com o visível. A não-aceitação do psicossomático por Lacan provém da compactação onde se perde de vista o significante; não se trata de uma espécie de conjunção somatopsíquica, mas de como o corpo está funcionando como sustentação, como suporte literal, isto é, transformação do corpo na função de suporte da letra, letra no sentido de concatenação significante. Convém lembrar o caso de *croix* que significa, ao mesmo tempo, "cruz" e "zona lombar" e o paciente que padece de dor lombar, sofre a homonímia equivalendo *croix* com o ato de levar a cruz.

Na noção freudiana de sintoma é fundamental a idéia de que o sintoma é uma construção na qual se desvia ou se deforma algo no mesmo momento em que se denuncia como sintoma, como símbolo. Ou seja, em lugar do sintoma aparecer como uma máscara que cobre algo de forma total, há aqui, paradoxalmente, algo que no próprio encobrimento se descobre e denuncia. É o desvio do sintoma que marca uma relação com uma outra cena a qual, por sua vez, mostra a diferença essencial que separa a noção freudiana de sintoma do sentido médico do termo sintoma. Índice, indicador, sinal, segundo a terminologia que se adote, o sintoma é estruturado como uma mensagem, tem a construção de um discurso que em si mesmo marca uma relação com a outra cena.

Se se diz, em linguagem figurada, que o sintoma dá, na superfície, a profundidade, cai-se em uma imagem topológica distinta daquela de uma série de capas sucessivas, porque o profundo está na superfície, está na construção mesma do sintoma.

Há uma metáfora usada por Lacan no *Seminário da Carta Roubada* que assinala o seguinte: na decifração do inconsciente fica-se como no caso desse jogo em que, frente a um mapa, se trata de encontrar os nomes que estão nele escritos e em que os mais difíceis de encontrar não são os menores, mas, exatamente, os maiores. O que quer dizer que, paradoxalmente, é na superfície que se dá o oculto, é no sistema de relações, e não por detrás dele, onde se encontra o mais profundo. Não se deve interpretar a metáfora topológica freudiana como uma descrição, pois alude-se com esse caráter latente a algo que é determinante e que precisa ser decifrado, o que não quer dizer que haja algo por detrás, no sentido literal do termo.

Lacan faz toda uma retificação do conceito de defesa e de resistência, na medida em que é necessário entender esses conceitos em função de uma estratégia com respeito à ordem simbólica e não como um "defender-se com respeito a". O sentido é intransitivo e

146

não transitivo. É onde entra em jogo uma estrutura especular em que tem que dar-se a intervenção analítica, desconstruindo a parelha imaginária e não reforçando-a, coisa a que se poderia chegar se se adotasse a mesma estratégia frente à defesa. A intervenção analítica, ou seja, a interpretação que está operando com uma eficácia através da palavra, pode ser resolutiva porque está atingindo uma construção de linguagem, existe uma congruência entre a intervenção e o que trata de decifrar. Quando se fala de construção lingüística, fala-se de uma particularíssima construção como discurso do Outro, como formação do inconsciente. Não se pode perder de vista que Lacan está fazendo uma espécie de transposição mecânica do campo da Lingüística para o campo do inconsciente freudiano. O sintoma é onde, talvez, se pode captar mais precisamente o que está em jogo através do enfoque lingüístico, ou seja, o sintoma pode ser caracterizado como um jogo metafórico de uma pauta cujo uso assume a posição de significante, ou por outra, que não é essa uma redução forçada a um processo secundário mas, ao contrário, é justamente a caracterização da concatenação significante com a autonomização do significado que permite caracterizar um processo primário onde há uma preponderância da materialidade da letra e de seus efeitos de significação. Sobre esta base, Lacan caracteriza a possibilidade de dizer algo entre linhas, ou seja, dizer algo falando de outra coisa, utilizando um recurso para despistar a censura. Fica demonstrado como é em torno a uma estratégia da linguagem que se produzem todos os mecanismos de emissão de mensagens que estão em jogo não somente no sintoma, mas através das formações do inconsciente em geral, no lapso, no sonho, etc.

Em todos os casos encontra-se uma construção de mensagem com uma articulação significante em sentido estrito que é preciso decifrar. Convém destacar muito bem o que deve ser decifrado para indicar que se trata de descobrir um código perdido. A noção de decodificação não é suficiente pelo fato de que a decodificação supõe conhecimento do código; é necessário desentranhar o código que está funcionando na combinatória desses elementos como em uma tarefa de decifração de hieróglifos, pois, por algum motivo, a metáfora teórica que Freud usou, desde o início, para o sonho foi a de hieróglifo.

O sintoma é um cumprimento do desejo (v. DESEJO), mas através do sintoma ocorre um cumprimento pela mediação de uma estrutura que se pode chamar de lingüística, se se entende lingüístico no sentido estritamente aplicado ao campo analítico, isto é, de uma construção de linguagem. Inversamente, se o sintoma é passível ou suscetível de uma resolução por uma intervenção que consiste na palavra, é porque é coextensivo a essa estrutura de linguagem. A metáfora é uma pré-condição, um elemento substitui outro. Num caso em que isso é muito patente — uma conversão histérica, por exemplo, — a metáfora aparece como uma substituição através de um sintoma corporalmente organizado em função de uma construção significante, porque o corpo está funcionando como um sistema de linguagem de acordo com uma clave inconsciente. O sintoma funciona como um elemento significante substitutivo, ou seja, uma construção significante que opera sobre a base de uma substituição. Quando se diz que o sintoma é uma metáfora, quer-se dizer que ele opera como uma complexidade de significantes que estão em relação substitutiva com algo. Há um código que condiciona as diversas inversões ou reversões do elemento sintomático justamente ao adotar a perspectiva da construção ou combinatória de elementos significantes. Aí é que se torna possível entender a complexidade de circuitos, porque, então, se vê que há uma convenção significante que condiciona todas as possibilidades de derivações através do sintoma. Por outro lado, a intervenção interpretativa operaria uma desconstrução desse complexo de mensagem através dos encadeamentos que promove ou da resolução desse núcleo em uma série de encadeamentos de elementos significantes.

A constante teórica que serve para entender isso é a série de circuitos que passam por redes de elementos significantes. O sintoma é um significante dentro de uma rede de sentido estritamente individual, forma um código em função de uma articulação muito pessoal (v. INCONSCIENTE, Tópica do).

Os elementos do inconsciente têm sua própria eficácia em uma relação com o verdadeiro, isto é, na medida em que não são senão uma articulação com o verdadeiro em função do qual se localiza o sujeio. Entende-se por verdadeiro a estrutura do inconsciente na dimensão do ser, porque é precisamente esta estrutura do verdadeiro ligada ao discurso que sustenta o núcleo mesmo do ser do sujeito, isto é, o sujeito enquanto estruturado por essa ordem. A ordem existe em uma dimensão de exterioridade com respeito ao sujeito, constituindo a dimensão do Outro (v. OUTRO), que é a própria estrutura do inconsciente que define e caracteriza o sujeito em seu núcleo. A realidade do sujeito é a ordem formal do inconsciente que o situa.

A Psicanálise consiste em uma restituição da história reprimida do sujeito. A restituição recupera algo que ficou perdido fazendo com que o sujeito assuma aquilo que faz parte de sua própria história simbólica; observe-se que não é o fatual o que deve ser recuperado por ter sido excluído. Assumir uma dimensão perdida não é assumir o verdadeiro ou reposicionar-se frente ao verdadeiro e aos encobrimentos que estão representados pelo plano do especular da consciência. A dimensão do inconsciente é a dimensão daquilo que é verdadeiro no sujeito e que encontra sua eficácia através dessa verdade. Quando, na técnica analítica, Freud afirma que o sujeito tem que assumir o sentido do sintoma, não está senão propondo uma restauração dessa verdade como história do sujeito, e, nesse sentido, tem um caráter de verdadeiro aquilo que é assim reintegrado ao sujeito. Qual é a posição do sujeito quanto a essa ordem que constitui o verdadeiro? O que constitui sua verdade e ficou excluído? É como se o sujeito tivesse que ler um texto fragmentado no qual é necessário reintegrar os elementos que foram destruídos para que seu sentido fosse restabelecido e o sujeito pudesse posicionar-se frente a esse sentido.

A chave para entender-se a noção lacaniana de inconsciente é a oposição entre uma concepção na qual se fala de conteúdos que não estão definidos pela forma e uma concepção na qual se pensa que todo conteúdo do inconsciente não é mais do que um ponto de intersecção de um sistema de relações. No primeiro caso, o conteúdo aparece exatamente como um elemento que está completamente desvinculado da forma, no segundo caso, trata-se de uma forma de articulação em que o conteúdo tem um sentido.

Dizer que os elementos do inconsciente estão estruturados lingüisticamente quer dizer que estão relacionados, no plano formal, em relações de significante a significante, que são as relações que produzem o efeito de sentido. Na concatenação, a significação sempre desliza, mas não em relação de equivalência biunívoca entre um conteúdo e uma forma. O inconsciente se caracteriza, antes de mais nada, por uma articulação de deslizamento de sentido.

Essa articulação é uma combinatória e é nessa operação de combinatória que se pensa, quando se diz que o inconsciente está estruturado como linguagem, e não numa fisionomia verbal. O inconsciente é, em si mesmo, um sistema com uma combinatória, e a história do sujeito dependerá de como se situar frente a essa combinatória.

A partir desse ponto de vista, se pode colocar a tese de que a metáfora permite caracterizar o sintoma como uma relação substitutiva de elementos significantes; por isso diz Lacan que o mecanismo da metáfora que aciona a substituição de um significante por outro é o mesmo que determina o sintoma em sentido analítico.

O sintoma é essencialmente uma dimensão simbólica, tem a particularidade de, através de sua própria forma, revelar o que encobre. A estrutura do sintoma como relação entre significantes é a chave para toda essa consideração.

O sintoma opera como um significante que está em determinadas relações com outros elementos significantes, e desde esse ponto de vista pode-se dizer que o sintoma se estrutura como uma metáfora (v. METÁFORA), substituindo um significante por outro, o que descarta a concepção do sintoma como indicador. Aquilo que, desde o ponto de vista do sintoma como indicador, não funciona por negação, é o que aqui se afirma positivamente como a estruturação do sintoma, como uma mensagem. O sintoma como metáfora é solucionável na medida em que a intervenção analítica, como linguagem, pode alcançar a estrutura insomórfica do sintoma como linguagem.

SUJEITO, Noção de — Afirma Lacan que é impossível suprimir do contexto analítico a noção de subjetividade, o que se deve fazer é explicitar a transformação da noção de subjetividade realizada por Freud, sendo que, complementariamente ao descobrimento do inconsciente, há uma transformação da noção tradicional de sujeito (v. COGITO, Sujeito do). Por isso há nos *Écrits* referência à revolução copernicana exercida por Freud; tal revolução consiste em postular a subordinação de um sujeito a uma estrutura que o determina e, por outro lado, marcar o sujeito como fendido.

Lacan aponta para uma noção de sujeito distinta daquela do *cogito,* a noção de sujeito que se dá na estratégia dos jogos. Tome-se por exemplo o jogo de xadrez onde, em função de certas regras convencionais que operam como código, são possíveis as jogadas, mas, em cada jogada, é o sujeito que fica localizado em certa posição relativamente à jogada do outro. O interessante é que a posição relativa do sujeito está mediatizada por um sistema de regras ou convenções, funcionando como código, e que marca uma posição e não um conteúdo interno.

No jogo interlocutivo, os sujeitos, através da interlocução, ficam localizados em certas posições estratégicas com relação às regras do jogo que põem em exercício. Falar não é simplesmente expressar algo ou comunicar um conteúdo de informação; falar é colocar-se, cada um, em determinada posição com relação ao outro, posição essa que não é independente da estratégia que funciona a partir de certas regras. Portanto, é possível traçar uma tópica do sujeito constituída pelos lugares em que o sujeito vai se localizar às expensas da convenção que exercita. Isto, naturalmente, supõe o funcionamento de uma ordem simbólica como, precisamente, é a linguagem: legalidade que opera como um pacto que possibilita a cada qual localizar-se com respeito ao outro e, ao mesmo tempo, estruturar sua mensagem. Decorre dessa postulação que o sujeito não é o agente, como ocorre na posição cogitativa, mas que é determinado por uma função simbólica e que a posição resultante do sujeito com relação ao outro não é direta, mas mediada pelo sistema de regras e convenções do registro simbólico. Isso conduz a duas grandes conclusões: não há uma intersubjetividade fundada em uma reciprocidade imediata, mas sim em uma relação triádica que passa pela convenção significante. Não há uma relação direta não mediada por um sistema ou um código, esse sistema é o que para Lacan representa a função simbólica e, por sua vez, a função simbólica é a que vai permitir caracterizar o funcionamento de um inconsciente que tem basicamente a característica de ser supra-individual, porque não é o reservatório do que cada indivíduo leva em seu interior mas, ao contrário, está acima do indivíduo, é um lugar, uma convenção significante que está em relação de exterioridade com o sujeito, além do que o sujeito representa.

154

O sistema supra-individual possibilita as construções que particularizam a singularidade do sujeito através das construções fantasmais como variações dentro da forma.

Para caracterizar a estrutura do *cogito* freudiano, Lacan faz duas formulações. A primeira é: "penso onde não sou, portanto, sou onde não me penso". A contraposição a "penso, logo sou" é evidente, à convergência da formulação de Descartes contrapõe-se a divergência. Essa é a primeira transformação que se produz com respeito ao *cogito* cartesiano, a formulação marca a ruptura do sujeito, mas tem uma margem de ambigüidade. Poder-se-ia pensar que, ao dizer-se "eu penso onde não sou, portanto, sou onde não penso", localiza-se o inconsciente como o irracional, como o não-estruturado ou não-organizado, o que seria retornar à concepção da qual se quer sair, ou seja, uma concepção do inconsciente como uma irracionalidade caótica que, por outro lado, revela a impossibilidade de pensar em uma ordem que não seja a do processo secundário, e neste estaria a única ordem ou a única estruturação possível. Tal pressuposto deu preponderância à consciência como área ou como âmbito absoluto na ordem da estrutura do sujeito, como se toda ordem possível emanasse daí. A segunda formulação, complementária da primeira, para evitar a ambigüidade, é: "eu não sou ali onde sou o brinquedo de meu pensamento, penso o que sou ali onde não me penso pensar".

Marcada a ruptura, essa formulação neutraliza o possível efeito que levaria a interpretar o inconsciente como uma ordem irracional, porque "ali onde não penso pensar" configura a existência do pensamento que é, exatamente, o pensamento inconsciente. O "não penso pensar" opõe-se à reflexividade da consciência. O pensamento inconsciente é um descentramento das funções do sujeito porque funciona às expensas de uma ordem que ele, o sujeito, não regula e que, portanto, o determina. Por não ser consciente não é, esse pensamento, menos estruturado. Daqui pode-se inferir duas conseqüências, a primeira, que ficaria formulada na divergência entre o "penso" e o "sou", é uma ruptura característica do sujeito. Essa ruptura não implica unidade do sujeito, não há duas entidades igualmente uniformes, o sujeito freudiano existe através da ruptura, é o lugar da ruptura. O segundo momento põe em jogo o sistema simbólico do inconsciente, uma ordem, lugar de uma estruturação. Essas formulações são de caráter geral e especulativo com relação às teses básicas que se desenvolvem através da transformação que Freud impõe à noção de sujeito. Lacan procura usar um modelo lingüístico, tomando por base o modelo simbólico, para caracterizar a ruptura do sujeito e sua determinação pela ordem simbólica. Lacan parte da seguinte pergunta: o lugar que eu ocupo como sujeito do significante é, em relação ao que ocupo como sujeito do significado, concêntrico ou excêntrico? A questão é a diferença entre o sujeito do significante e o sujeito do significado, mas nessa distinção há dois planos: o plano da enunciação e o plano do enunciado. O sujeito da enunciação, ou seja, o sujeito do significante, fica comprometido a partir da própria enunciação; o sujeito do significado é a primeira pessoa que faz uso da palavra. Aquele que fala fica simplesmente indicado através da cadeia dos significantes, no enunciado se afirma um conteúdo com respeito àquele que fala. Por exemplo, no momento em que afirmo "eu digo que sou temperamental", estou comunicando algo com respeito àquele que é o atual enunciante, mas nunca o que eu digo recobra a totalidade do que enuncia porque, sempre, aquele que enuncia fica como em um abismo com relação ao enunciado sobre ele; é a ruptura entre o sujeito do enunciado e o sujeito da enunciação, embora sejam a mesma pessoa (v. ENUNCIADO E ENUNCIAÇÃO). Quando é feito o enunciado, há uma atribuição de um determinado significado ou uma localização do sujeito no plano do significado através do conteúdo em jogo. Portanto, temos um processo de enunciado e um processo de enunciação. Uma coisa é o fato de que eu diga algo, outra é o fato de eu ser o sujeito da enunciação. Considerando-se essa diferença, pode-se perceber um grande descobrimento da Psicanálise: em todo processo de enunciação há um discurso que vai além, e em direção diferente, ao conteúdo do enunciado. Quando o paciente diz algo, pode-se dizer que o analista está dando atenção à posição do sujeito

156

determinada pela concatenação de significantes acionados em seu discurso. A posição em que o sujeito é colocado pelo seu discurso revela mais do que o conteúdo afetivo daquilo que o paciente diz sobre si mesmo. O "eu digo" é o que fica implícito, o não-dito é o que digo ponho em jogo o mesmo sujeito que está fazendo a enunciação ou se, por princípio, há um comprometimento de duas dimensões divergentes. A pergunta é: quando falo, sou o mesmo que aquele de quem falo?

Mas, o ponto delicado da formulação de Lacan não é saber se quando eu falo digo algo que efetivamente se adequa ao que sou, mas se quando falo e digo o que digo ponho em jogo o mesmo sujeito que está fazendo a enunciação ou se, por princípio, há um comprometimento de duas dimensões divergentes. A pergunta é: quando falo, sou o mesmo que aquele de quem falo?

O problema poderia ser colocado em termos de adequação entre o que digo e o que sou, o que convergeria com a afirmação de que a reflexão é adequada ao refletido e isso encerraria o sujeito na possibilidade de uma transparência pensável através da noção tradicional de consciência. Ocorre, porém, a ruptura entre o enunciado e a enunciação. Estas noções não são contraditórias, é preciso entender que um é o sujeito enunciado e outro o sujeito da enunciação — sujeitos separados.

Antes dessa noção pensava-se que havia uma função de conhecimento exercida através da reflexividade, como se fosse uma captação ou uma apreensão do sujeito por si mesmo, como uma esfera autônoma, algo que levaria à idéia de um ego cognoscente, um "eu penso" como uma função cognitiva. A questão que se impõe é se a função cognitiva não é, ao contrário, uma função de descobrimento decorrente da eficácia dessa outra estruturação que determina o sujeito a partir do inconsciente. Em outras palavras, se a função da consciência em lugar de ser uma função de conhecimento, não é uma função de desconhecimento.

Freud introduziu a noção de inconsciente, completamente distinta de qualquer noção pré-freudiana e que antecipa um desenvolvimento que será feito por Lacan: as conseqüências da noção de inconsciente com

157

relação à noção de consciência. Isto é, a noção de inconsciente não apenas modificou as noções tradicionais de inconsciente, mas, ao mesmo tempo, alterou substancialmente a noção de consciência, a consciência seria um revestimento.

Em Leibniz, a noção de inconsciente está ligada ao que ele chamou de *petite perception,* aquilo que não chega ao umbral, que aparece em outro plano, não conhecido. Leibniz se apoiava na teoria das idéias inatas, que contrapôs à teoria de Locke na famosa polêmica em que afirmava a impossibilidade de Locke encontrar certos conteúdos inatos, porque este homogeneizava tudo no campo imediatamente dado na consciência. O inconsciente de Leibniz é um não-conhecido do ponto de vista da consciência e aparece em uma fronteira com a consciência, mas em Lacan encontra-se algo de muito maior alcance: há uma determinação da função da consciência a partir da função da inconsciente. Não é apenas uma dimensão de falseamento, mas a dimensão de uma inversão capaz de revelar o verdadeiro no mesmo momento em que a consciência estrutura o desvio por uma relação complementária. Não é a construção do falso frente ao verdadeiro como acobertamento maciço e sim como desvio revelador.

O conceito de consciência como um efeito da determinação inconsciente projeta a consciência num plano de deformação ou de desvio, de essencial desconhecimento e não de conhecimento. Isso remete ao plano do ego na função que, dentro da psicanálise, tem o ego ou o eu. Por sua vez, o ego nos remete ao plano do imaginário, na categorização proposta por Lacan, como o plano do narcisismo no qual se institui e constitui um eu com função de desconhecimento convergente com o plano da consciência. Desde esse ponto de vista se percebe todo o alcance da transformação que implica a introdução da noção de inconsciente ou o descobrimento do inconsciente no sentido freudiano do termo. Freud diferencia a função do ego da função do sujeito, isto é, a estruturação de um eu é já uma estruturação determinada, diferente da estruturação do sujeito, ou, dito ao contrário, o ego ou o eu não cobre a totalidade do sujeito. Na caracterização da função dinâmica do eu, apresenta-se a complexíssima noção de narcisismo na qual a função do eu aparece como uma função de reflexo ou especularidade. A noção propriamente narcisista freudiana implica uma reflexividade e comporta dois aspectos: a identificação, unificação corporal frente à parcialidade inicial ou à fragmentação, e, por outro lado, a relatividade de um eu ao outro, um outro com o qual se confunde não como diferenciado do outro, mas reconhecendo-se a si mesmo através do outro, função que se cumpre no Estágio do Espelho (v. OUTRO).

A ruptura marca não somente uma heterogeneidade, uma especificidade da noção do inconsciente, mas, ao mesmo tempo, a transformação provocada pela ruptura em outro plano, o plano da consciência como efeito. Está também em jogo a queda de uma prevalência na análise do eu desde o ponto de vista técnico. Há toda uma concepção hartmaniana de uma análise centrada no eu como um aliado do terapeuta, mas se se considera bem esse eu que vai funcionar como centro das resistências, tem-se pelo contrário, que o eu não é nenhum aliado, mas um obstáculo para o processo terapêutico e, na medida em que a análise se reduz a essa relação entre o eu do analista e o eu do paciente, se dualiza a situação da análise e termina-se por transformar essa situação na perspectiva de um êxito medido pela identificação entre o eu do analisado com o eu do analista, com o que se fecharia um ciclo especular de identificação narcisista. Em *Interpretação dos Sonhos,* Freud passa da censura à resistência como um particular bloqueio do contexto associativo. Onde o paciente se detém há uma resistência e essa resistência é a mesma que opera na relação analítica; pode-se, portanto, ver que essa resistência está estruturada em função de uma ordem simbólica e não como se a resistência do paciente fosse, simplesmente, um determinado comportamento relativo à pessoa do analista. A relação de resistência tem seu momento complementário na transferência. Há uma concepção na qual essa identificação está sustentada na idéia de que o modelo de ajuste ou de adaptação é o eu do analista; tal concepção faz cair em uma perspectiva adaptacionista, com todas as implicações que isso tem e que denuncia um desconhecimento de tudo o que Freud postula sobre a

159

transferência e seu papel. Eu, resistência e transferrência são aspectos ligados dentro de uma postu'ação que põe em jogo toda uma ordem simbólica e não apenas uma dualidade de sujeito.

Relaciona-se com essa postulação, o complexo problema levantado por Freud da constituição do real através de uma série de crises do sujeito que culmina na estruturação através da situação edípica. A relação com o real e a constituição do real devem ser entendidas no sentido da eficácia que, dentro do campo analítico, o real vai adquirir desde o ponto de vista da teoria lacaniana e não pela perspectiva clássica da consciência relativa ao sistema do real como conhecimento direto.

Hartman assinalou o eu como uma função prevalecedora e determinante com respeito à posição do sujeito, chegando quase a identificar o eu com o sujeito, e então, todo o êxito da terapia analítica dependeria de substituir a ordem do inconsciente por um eu que se sobrepusesse a ele. Em lugar da localização relativa à ordem inconsciente, haveria um recobrimento perfeito, perspectiva puramente idealista, porque seria um encontro do sujeito com um consigo absoluto.

A complicação inicial talvez tenha base na fórmula "tomar consciência" ou "tornar consciente o inconsciente". Tais fórmulas são ambíguas, pois pode-se entender que se trata da consciência recuperar o que é inconsciente quando, na realidade, é o sujeito que se posiciona com relação a uma ordem inconsciente, o que não supõe, de forma alguma, o centramento na função da consciência. Uma coisa é posicionar-se o sujeito relativamente à ordem inconsciente quanto às articulações inconscientes que o estão condicionando; outra coisa é fazer de todo o processo uma tomada de consciência quase no sentido hegeliano do termo, como se só se modificasse aquilo que tivesse passagem pela compreensão do paciente. Se toda a transformação terapêutica passasse pela consciência do sujeito, talvez ele nunca chegasse a compreender qual a estrutra da modificação de sua própria posição.

160

SUPRA-INDIVIDUALIDADE — Se o homem é regido por uma constelação simbólica que tem o falo como significante fundamental, é preciso entender que essa estrutura é supra-individual; diz-se que é intersubjetiva, entendendo-se por intersubjetividade uma dimensão de código e não uma espécie de reciprocidade. A dimensão mais estritamente singular surge através da configuração dos fantasmas do sujeito. A estruturação é universal, é um código. A forma pela qual se constitui o fantasmal como correlato do desejo apresenta uma incidência particular em cada caso e é desde aí que se tem de fazer a decifração para ver quais são as linhas que conduzem ao código que permite a interpretação.

No quadro total da psicopatologia, abre-se uma dimensão divergente ou uma dupla dimensão que é a da neurose e da psicose. Qual é a função do significante a que se submete a psicose de modo distinto da neurose? A intervenção de Lacan leva a um questionamento sobre a psicose, desde o ponto de vista analítico freudiano, que é o que conduz a distinguir entre o processo de repressão e o processo de exclusão que Lacan traduz por forclusão. Na psicose há uma reificação do significante, algo emerge desde o real, como no caso do homem dos lobos. É preciso ter em conta dois momentos: um momento estrutural que é supraindividual e o momento fantasmal que alude à configuração singular em casa caso. Mas nada disso poderia ser decifrado se não tivesse como base a estruturação dos significantes. Através desse enfoque, cada vez mais se vê que o inconsciente não é nenhum patrimônio privado, mas uma estrutura essencialmente transindividual. A topologia intrapsíquica assenta-se em uma topologia interpsíquica, considerando-se interpsíquico a partir da estruturação simbólica que ultrapassa o individual. Há aqui algumas coisas que não ficam claras no enfoque de Lacan e que é preciso destacar. Uma é a estruturação do inconsciente como linguagem, o que remete a uma ordem não "pontual", a que se liga imediatamente a estruturação do inconsciente superinindividual que possibilita a interpretação.

Na configuração fantasmal vê-se uma articulação como correlata do desejo (v. DESEJO), mas, por outro lado, tem-se um código desse desejo inconsciente que está na articulação dos significantes em relação a esses fantasmas individuais, de tal forma que, em uma analogia com o lingüístico, pode-se dizer que de um lado está a estruturação que possibilita, como código, a concatenação significante, e de outro, estão os efeitos dessa concatenação significante através do sujeito da fala, sujeito condicionado pelo que diz. O sujeito fala e, através do que fala, articula uma outra mensagem em relação a esse código (v. SUJEITO, Noção de), e aqui entra a configuração fantasmal que o sujeito faz em relação ao que diz como um efeito relativo ao desejo inconsciente que se articula em relação ao simbólico.

Quanto a esse assunto, o fundamental é ver o simbólico em uma alteridade desde a qual se produza a decifração e que possibilite cotejar a distância entre essa posição e o reducionismo empirista. Veja-se a diferença que há entre uma consideração da agressividade como conduta e uma consideração freudiana do que existe através da egressividade. Na consideração freudiana a agressividade é relativa a todo um sistema simbólico que se articula em um discurso frente à conduta descritível como conduta agressiva. Lacan enfatiza a eficácia da agressividade no discurso com o exemplo de uma mãe que disse ao filho: "Então, és homossexual, e eu que pensava que eras impotente?!" Vê-se aqui toda a eficácia de agressividade transladada, exercitada através do discurso.

PSICOLOGIA E PSICANÁLISE NA PERSPECTIVA

Distúrbios Emocionais e Anti-semitismo – N. W. Ackerman e M. Jahoda (D010)

LSD – John Cashman (D023)

Psiquiatria e Antipsiquiatria – David Cooper (D076)

Manicômios, Prisões e Conventos – Erving Goffman (D091)

Psicanalisar – Serge Leclaire (D125)

Escritos – Jacques Lacan (D132)

Lacan: Operadores da Leitura – Américo Vallejo e Ligia C. Magalhães (D169)

A Criança e a Febem – Marlene Guirado (D172)

O Pensamento Psicológico – Anatol Rosenfeld (D184)

Comportamento – Donald Broadbent (E007)

A Inteligência Humana – H. J. Butcher (E010)

Estampagem e Aprendizagem Inicial – W. Sluckin (E017)

Percepção e Experiência – M. D. Vernon (E028)

A Estrutura da Teoria Psicanalítica – David Rapaport (E075)

Freud: A Trama dos Conceitos – Renato Mezan (E081)

O Livro dIsso – Georg Groddeck (E083)

Melanie Klein I – Jean-Michel Petot (E095)

Melanie Klein II – Jean-Michel Petot (E096)

O Homem e seu Isso – Georg Groddeck (E099)

Um Outro Mundo: A Infância – Marie-José Chombart de Lauwe (E105)

A Imagem Inconsciente do Corpo – Françoise Dolto (E109)

A Revolução Psicanalítica – Marthe Robert (E116)

Estudos Psicanalíticos sobre Psicossomática – Georg Groddeck (E120)

Psicanálise, Estética e Ética do Desejo – Maria Inês França (E153)

O Freudismo – Mikhail Bakhtin (E169)

Psicanálise em Nova Chave – Isaias Melsohn (E174)

Freud e Édipo – Peter L. Rudnytsky (E178)

A "Batedora" de Lacan – Maria Pierrakos (EL56)

Este livro foi impresso na cidade de Cotia,
nas oficinas da Meta Brasil,
para a Editora Perspectiva.